Die Geschichte von FRANCINE R.

WIDERSTAND UND DEPORTATION
APRIL 1944 – JULI 1945

Ich werde diesem Buch keine Schlussfolgerung hinzufügen;
ich werde mich bemühen, keinerlei Urteil zu fällen;
ich lege lediglich die Fakten dar.
Mögen sie den Leser in gerechten Zorn versetzen!

Denise Dufournier, La Maison des mortes

An die Leserinnen und Leser

Ursprünglich waren die *Chroniques de Francine R.* der mündliche Bericht einer Zeitzeugin. Die Syntax des Textes ist daher die der gesprochenen Sprache. Um die Lektüre flüssig zu gestalten, mussten mitunter einige heute nicht mehr verständliche Formulierungen angepasst und Wiederholungen, die in einer mündlichen Rede oft vorkommen, korrigiert werden. Doch es sind Francines Worte, aus denen dieser Text besteht.

Auch die Dialoge stammen von ihr, sind Teil ihres Berichts. Punktuell habe ich einige wenige Gespräche auf der Grundlage ihrer mündlichen Erzählung neu formuliert, erfunden habe ich allerdings keine. Die einzigen Hinzufügungen meinerseits sind die ergänzenden Informationen, die ich an den Stellen einfüge, an denen es mir notwendig erschien.

Mitunter füllen die Zeichnungen die Lücken in Francines Erzählung (z. B. die langen Zugfahrten, die in Francines Bericht nur wenige Zeilen ausmachen). Andere Themen dagegen, wie die Kinder in Ravensbrück, eine Besonderheit dieses KZ, oder die Unternehmen, die Häftlinge für sich arbeiten ließen, werden nicht dargestellt. Der Grund liegt darin, dass Francine im Lager keinen Kindern begegnet war und auch in den erwähnten Unternehmen nicht gearbeitet hatte.

Es sei betont, dass das KZ Ravensbrück – obwohl ein komplexes Thema – nicht das Hauptmotiv ihres Berichtes und somit auch nicht dieses Albums ist. Francine verbrachte dort letztlich nur wenige Wochen ihrer zwölf Monate dauernden Deportations- und Haftzeit. Sie schildert vor allem das KZ Watenstedt/Leinde, das einer von vielen heute weitgehend unbekannten und nicht mehr existierenden Orten unermesslicher Leiden ist.

Was Francines Erinnerung angeht, so habe ich mitunter seitens mancher Zeitgenossen sagen hören, „[dass] man nicht alles glauben darf, was sie erzählt, [dass] sie stark übertreibt". In meinen Nachforschungen fand ich jeden Punkt ihres Berichts bestätigt und dokumentiert. Es lässt sich heute mit Fug und Recht sagen, dass ihr Bericht keine Erfindung ist, auch wenn das angesichts der Grausamkeit des Geschilderten mitunter so scheinen mag.

Mögen wir die Leiden der Opfer von Deportationen nie vergessen, wann immer sie geschahen und geschehen: gestern, heute, morgen.

Boris Golzio

BORIS GOLZIO

Die Geschichte von FRANCINE R.
WIDERSTAND UND DEPORTATION
APRIL 1944 – JULI 1945

Übersetzung aus dem Französischen
von Barbara Hahn, Katja Fröhlich und Carsten Hinz

avant-verlag

Ich widme dieses Album meiner Frau, ohne die ich in dem Jahr, in dem ich es zeichnete, niemals ausreichend Zeit für diese Arbeit gehabt hätte. Sie hat sich in die Situation gefügt und meinen Teil der normalerweise aufgeteilten Alltagsaufgaben übernommen. Ich danke ihr für all die Wochenenden und Abende, die sie bereit war, allein zu verbringen, während ich an meinem Zeichentisch saß. Sie hat als Erste an dieses Projekt geglaubt. Ich danke ihr dafür – und für viele andere Dinge.

Zum Gedenken an Francine
Zum Gedenken an Elke Zacharias (15.08.1962 – 12.03.2018)

Ich danke herzlich allen, die ich um Unterstützung bat und die mir, aus der Nähe oder aus der Ferne, bei meiner Arbeit halfen.

In Deutschland danke ich Bernard Strebel, der mich mit seinen einmaligen Kenntnissen zu Ravensbrück und Watenstedt unterstützte; Sabine Arend, Britta Pawelke und Sabine Röwer von der KZ-Gedenkstätte Ravensbrück; Alyn Beßmann, Iris Groschek und Renée Grothkopf von der KZ-Gedenkstätte Neuengamme; Elke Zacharias und Maike Weth von der KZ-Gedenkstätte Drütte; Andrea Hoffmann von den Arolsen Archives. Ich danke allen für den freundlichen Empfang, der mir zuteilwurde. Möge die deutsch-französische Freundschaft noch lange währen!

In Schweden danke ich Samuel Thelin vom Malmö Museum für seine wertvolle Redaktionsarbeit; Karin Bredesen und Jan Mispelaere vom Nationalarchiv Stockholm; Sara Linnea Gustafsson vom Stadtarchiv Göteborg; Håkan Håkansson von der Universität Lund.

In Frankreich danke ich Annette Wieviorka für ihre Ermutigungen; Sophie Legentil und Jean-Michel Girard von den Archives de la Loire; Charles Salmon und Patricia Lemonnier vom SHD Caen; dem SHD Vincennes; dem Nationalarchiv Pierrefitte-sur-Seine; der Bibliothek La Contemporaine in Nanterre.

Virginie Sebert vom Französischen Roten Kreuz; Marie Allemann vom IKRK in Genf.

Jean Cabotse, Historiker aus Roanne, für das sowohl erbauliche als auch lehrreiche Gespräch. Ohne ihn wären die Dédé-Bande und viele nachfolgende Dinge ein Geheimnis geblieben.

Philipp Emonet von der IFF, der die Eisenbahnknoten lösen konnte.

Ich danke den Zeitzeugen Georges Ceaux, Frau Chanchou, Alice Rivolier, Thérèse Boudier und Roger Servajean, die dazu beitrugen, Klarheit in ein Stück ziemlich verworrener Lokalgeschichte zu bringen; François Villatte für seine Übersetzungen; Raphaël Rivolier für seine wertvolle genealogische Arbeit; Frau Chauvin dafür, dass sie einem Unbekannten die Tür ihres Hauses freundlich öffnete; Sébastien Mao und Nicolas für das Dach über dem Kopf und den herzlichen Empfang.

Schließlich danke ich in besonderer Weise einer Gruppe von Personen, die sich intensiv für meine Arbeit interessierten und sich durch anregende und aufschlussreiche Gespräche sowie sachkundige redaktionelle Kritik in sie einbrachten: Eva und Albrecht Freudenstein (Danke für den freundlichen Empfang und die Führungen); Yvonne Cossu-Alba von der Amicale de Neuengamme und Marie-France Cabeza-Marnet von der französischen Amicale de Ravensbrück (Danke für die enthusiastische Unterstützung).

Schlussendlich gilt mein Dank Lewis Trondheim für seine verlegerische Begeisterung und Christian Marmonnier für seine stets wertvollen Ratschläge.

Ich danke der Gedenkstätte Ravensbrück für die Unterstützung bei der Herausgabe dieses Buches in deutscher Sprache. Hannah Sprute im Besonderen und Matthias Roth, der es durch seine detaillierte Kenntnis des KZ ermöglichte, die Darstellungen des Lagers (13 Seiten retuschiert und ergänzt, ein aktualisierter Lageplan) entsprechend den aktuellen historischen Kenntnissen zu überarbeiten. 75 Jahre nach der Befreiung des Lagers schreitet die Forschung weiter voran, und wir müssen unsere Darstellungen anpassen.

Die Geschichte von Francine R. – Widerstand und Deportation
Text und Zeichnungen: Boris Golzio
Übersetzung aus dem Französischen: Barbara Hahn, Katja Fröhlich & Carsten Hinz

ISBN: 978-3-96445-047-0

Original Title: CHRONIQUES DE FRANCINE R., resistante et déportée
© Editions Glénat 2018 by Boris Golzio – ALL RIGHTS RESERVED
© für die deutsche Ausgabe, avant-verlag GmbH, 2021

Lektorat: Hannah Sprute, Andrea Genest, Johann Ulrich
Lettering und Herstellung: Tinet Elmgren
Herausgeber: Johann Ulrich

Diese Publikation wurde durch die Gedenkstätte Ravensbrück / Stiftung Brandenburgische Gedenkstätten
mittels einer Spende der Fondation Tour du Monde gefördert. – Herzlichen Dank!

avant-verlag GmbH | Weichselplatz 3–4 | 12045 Berlin
info@avant-verlag.de
Mehr Informationen und kostenlose Leseproben finden Sie online:
www.avant-verlag.de | facebook.com/avant-verlag

Ich erinnere mich an diesen 14. Mai 1997 in Lyon, als eine alte Dame eine Nachricht auf meinem Anrufbeantworter hinterließ.

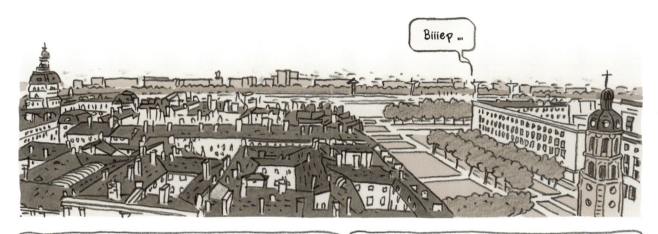

Nach einem ersten kurzen Treffen, bei dem ich Francine persönlich kennenlernte, trafen wir uns am 28. Oktober 1998 im Museum der Résistance in Lyon ein zweites Mal.

Sie begleitete eine Gruppe von Schülern, was sie seit einigen Jahren regelmäßig tat.

Ein solcher Besuch wühlte sie jedes Mal erneut auf.

Im Museum wurde eine Straßenecke mit historischen Plakaten und Parolen gezeigt, die dem Besucher die Atmosphäre der Besatzungszeit näherbringen sollte.

Vor dem Aufruf vom 12. August 1941* und einem Bild von Marschall Pétain reagierte sie ganz freimütig und direkt:

„Also, den mag ich überhaupt nicht! Er hat Schlimmes getan. Auch nach 50 Jahren kann ich ihm nicht verzeihen."

* Angesichts zunehmenden Unmuts über das Kollaborationsregime wandte sich Pétain in einer Rede an die französische Nation, um für seine hitlerfreundliche Politik zu werben.

Zwei Jahre später fuhr ich mit einer befreundeten Geschichtsstudentin nach Mably, eine Gemeinde wenige Kilometer nördlich von Roanne. Wir wollten unbedingt Francines Erinnerungen aufzeichnen, um sie für die Nachwelt zu erhalten.

Die ehemalige Widerstandskämpferin lag zu dieser Zeit im Krankenhaus Bonvert, wo sie wegen ihrer Krebserkrankung behandelt wurde. Drei Jahre später sollte sie an der Erkrankung, die sie als Spätfolge ihrer Misshandlungen in den Lagern betrachtete, sterben.

Krankenhaus Bonvert, 27. Dezember 2000

-1-
Die Verhaftung

Ich wurde am 6. April 1944 in Pouilly-sous-Charlieu in dem Haus verhaftet, in dem ich aufgewachsen bin.

Wir waren sechs Geschwister, drei Jungen und drei Mädchen. Meine Mama verlor ich mit 9 Jahren und meinen Papa, als ich 12 war. Meine Mama war bei einer Operation gestorben, und mein Papa, allein mit uns sechs Kindern, kam über ihren Tod nicht hinweg.

Drei Jahre später nahm er sich das Leben.

Wir wuchsen bei unseren Großeltern auf, alle sechs. Meine Großmutter mütterlicherseits wollte nicht alle sechs Kinder aufnehmen.

"Wenn sie nicht getrennt werden wollen, bleibt nur das Heim."

Ich wurde an einem Gründonnerstag verhaftet. Das war damals ein Festtag, an dem die kleinen Kinder gesegnet wurden. Für die Mütter war das eine Gelegenheit, sich hübsch anzuziehen. Natürlich musste man damals einen Zweiteiler tragen. Naja, das war eben eine andere Zeit. Dieses Fest gab es schon immer. In meiner Erinnerung fand es schon statt, als ich noch ganz klein war.

Ich wurde 1922 geboren. Es muss wohl 1930 gewesen sein, als mich mein Großvater und meine Großmutter an Gründonnerstag mitnahmen. Bei dieser Gelegenheit sahen wir den Unterschied zwischen arm und reich.

Die Mütter der reichen Kinder waren schick angezogen, ihre Babys waren ganz in Spitze gehüllt, während die Mütter der Arbeiterkinder in einfachen Kleidern kamen und ihre Babys im Kinderwagen lagen.

Wir fuhren also in die Kirche. Der Priester oder vielleicht sogar der Bischof von Lyon – das weiß ich nicht mehr so genau – sprach den Segen. Danach wurden alle Babys gesegnet.

An diesem Tag wurde ich verhaftet.

Also, manchmal hat man so eine Vorahnung. Komisch … Ich war eigentlich immer fröhlich, aber als ich an diesem Tag zur Arbeit kam, stand mir der Sinn nicht nach Fröhlichkeit. Überhaupt nicht!

Francine arbeitete in der Fabrik Bréchard in Pouilly-sous-Charlieu. Diese Firma hatte sich in der Zeit zwischen den beiden Weltkriegen zu einer großen und international bekannten französischen Weberei entwickelt. Ihr Niedergang begann Mitte der 1950er Jahre, 1983 wurde der Betrieb geschlossen.

Meine Freundinnen fragten mich:

"Was ist denn, bedrückt dich was?"

"Ach, ich weiß auch nicht."

"Ich habe das Gefühl, dass mir heute etwas zustoßen wird!"

"Ich hatte so eine Vorahnung …"

* Abwertende Bezeichnung für die Deutschen, insbesondere ab 1870/71 bis nach dem 2. Weltkrieg.

Wir hätten vielleicht über die Wiesen entkommen können. Denn an der Vorderseite des Hauses lag die Straße, hintenraus dagegen befanden sich Wiesen und ein ziemlich breiter Fluss, der Sornin. Doch sie umstellten sofort das Haus. Ein Laster voller Soldaten, um zwei Mädchen zu verhaften!

Es war die Gestapo. Sie rissen die Tür auf ... solche Leute klopfen ja nicht mal an, sondern kommen einfach rein! Kaum waren sie im Haus, bekam ich auch schon eine Ohrfeige verpasst. Das war der Anfang.
Was für ein Anfang ...

Sie stellten meine Schwester und mich vor einen großen Wandschrank, richteten jeweils eine Maschinenpistole auf uns und attackierten uns mit Fragen.

Einer von ihnen sprach sehr gut Französisch:

Sie suchten das Haus unserer Eltern. Seit ihrem Tod wohnte dort niemand mehr, das Haus diente als Waffenlager. Manchmal übernachteten dort auch Leute vom *Maquis*, nachdem im Haus Liegen aufgestellt worden waren. Es gab dort alles, was man brauchte.

"Wir geben euch fünf Minuten, um zu antworten: Wo ist euer Bruder? Wo ist der *Maquis**? Wo sind die Waffen?"

"Wo ist das Haus?"

* Als *Maquis* wurden Widerstandskämpfer bezeichnet, die sich in Wäldern und Bergen versteckten und von dort aus die deutschen Besatzungstruppen bekämpften.

Meine Schwester und ich hatten uns geschworen, auf keinen Fall die Widerstandsgruppe zu verraten. Das durfte nicht passieren!

Wir hatten uns vorgenommen, dass ...

Also haben wir nichts gesagt.

-II-
Résistance und erster Auftrag

Zuerst schloss sich mein Bruder der Résistance an.

Er war ein Jahr jünger als ich. Ich wurde 1922 geboren und er 1923. Ich weiß nicht, auf welchem Weg er erfahren hatte, dass sich im Untergrund Widerstandsgruppen gebildet hatten.

Er ging zur *Armée secrète* (AS) in den Untergrund, wir gehörten zur AS des Départements Allier.

Das war 1943.

Um dem 1943 eingeführten Pflichtarbeitsdienst (STO) zu entkommen (Zwangsrekrutierung und Überführung nach Deutschland von französischen Arbeitskräften, die in der deutschen Rüstungsindustrie arbeiten mussten), flüchteten viele junge Menschen in den *Maquis*.

Doch schon bald gefiel es meinem Bruder dort nicht mehr, weil dort auch Dédé mit seiner Bande war. Diese Leute waren nicht wirklich anständig.

Sie ließen überall was mitgehen. Es stimmt schon, man musste auch stehlen, denn die Leute im *Maquis* brauchten ja auch was zu essen.

Gruppe Postel-Pellerin, genannt Dédé

Und so stahl man im Rathaus Lebensmittelkarten und klaute bei den Bauern hier mal ein Huhn, da mal ein Kaninchen. So war das. Und das gefiel meinem Bruder gar nicht.

Er schloss sich dann also dem *Maquis* von Puy-de-Dôme an.

Zunächst wurde Joannès R. Mitglied in der Widerstandsgruppe der kommunistischen FTP (*Francs-tireurs et partisans*) von Saint-Nicolas-des-Biefs. Später wechselte er zur gaullistischen AS in Le Brugeron.

Meine Schwester und ich waren Verbindungsleute des *Maquis*. Sobald wir etwas über Kollaborateure und andere Dinge erfuhren, gaben wir die Informationen an die Leute des *Maquis* weiter.

Da hieß es aufpassen und den Mund halten, die Ohren spitzen und nichts ausplaudern.

Wenn wir hörten, dass die Deutschen in ein Haus gehen und dort jemanden verhaften wollten, informierten wir den *Maquis*, damit die Leute gewarnt wurden und fliehen konnten. Das war in etwa unsere Aufgabe.

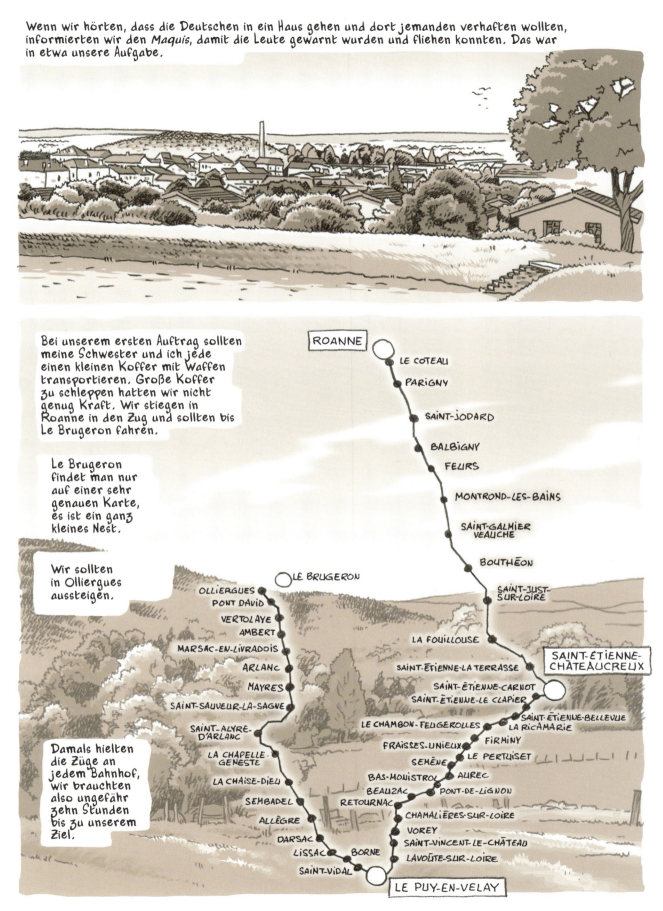

Bei unserem ersten Auftrag sollten meine Schwester und ich jede einen kleinen Koffer mit Waffen transportieren. Große Koffer zu schleppen hatten wir nicht genug Kraft. Wir stiegen in Roanne in den Zug und sollten bis Le Brugeron fahren.

Le Brugeron findet man nur auf einer sehr genauen Karte, es ist ein ganz kleines Nest.

Wir sollten in Olliergues aussteigen.

Damals hielten die Züge an jedem Bahnhof, wir brauchten also ungefähr zehn Stunden bis zu unserem Ziel.

Gleich nach Roanne kam Le Coteau. Dort hielt der Zug, und es stiegen zwei Männer zu. Mit ihren langen Trenchcoats und ihren in die Stirn gezogenen Schlapphüten sahen sie aus wie Leute von der französischen Miliz*.

Meiner Schwester und mir wurde ganz mulmig.

"Auch das noch: zwei Männer von der Miliz!"

Wir hatten die Koffer mit Mühe nach oben gehievt und sahen nun, wie die beiden im Gang ständig auf und ab gingen und uns musterten.

"Meinst du, dass wir verpfiffen wurden?"

Sie schauten unentwegt auf die Koffer und musterten uns.

So ging das bis zur Station, die vor Olliergues kam. Ich weiß nicht mehr, wie sie hieß. Vertolaye hatten wir schon passiert, es muss wohl die Station danach gewesen sein.

Dort stiegen die beiden Männer aus. Meine Schwester und ich atmeten erleichtert auf. Wir sagten uns:

"Da haben wir noch mal Glück gehabt, die waren nicht von der Gestapo."

* Die Milice française („französische Miliz") war eine paramilitärische Truppe während des Zweiten Weltkrieges und kollaborierte mit der deutschen Besatzung.

Doch bei unserer Ankunft in Olliergues standen sie wieder auf dem Bahnsteig!
Also waren sie doch von der Miliz! Wir sagten uns:

Schau mal, die beiden Schlapphüte sind hier.

Wir werden ganz sicher erschossen. Verhaftet und erschossen!

Zumal wir ja noch an den Deutschen vorbei-mussten, die die Koffer kontrollierten.

Sie pickten sich wahllos welche raus. Deshalb gingen meine Schwester und ich nicht direkt hintereinander an ihnen vorbei, sondern trennten uns. Das war vielleicht unsere Chance ...

Ich weiß nicht, ob ich als Erste an ihnen vorbeiging oder meine Schwester, jedenfalls wurden unsere Koffer nicht kontrolliert, weder meiner noch der meiner Schwester.

Mit den Leuten von der Miliz war es genauso. Wir durften also nicht einfach so mit dem Koffer vorbeigehen. Wir schauten die Deutschen direkt an, sicherlich lächelten wir dabei.

Kaum waren wir an ihnen vorbei, kamen auch schon die beiden Trenchcoat-Männer auf uns zu.

Wir sind geliefert!

Doch sie nahmen ihre Hüte ab, zogen ihre Mäntel aus und sagten:

Wir sind vom Maquis!

Wir wollten sehen, ob ihr wirklich durchhaltet.

Ob ihr euch in den Griff bekommt und nicht vor Angst zittert.

Vielleicht haben wir ein bisschen gezittert, doch wir hatten wohl unsere Hände versteckt, bestimmt sogar!

Also, ihr seid ja ganz schön dreist!

Wir hätten die Koffer schließlich auch im Zug zurücklassen können, nachdem wir die Männer gesehen hatten, und fertig. Wir hätten einfach nach Le Coteau in Parigny oder auch in Puy aussteigen und verschwinden können.

Aber so hatten wir unseren Auftrag korrekt ausgeführt.

Einmal sagte jemand zu mir: „Ich hatte noch nie im Leben Angst." Ich antwortete ihm:

Da hatten Sie aber großes Glück, denn ich, ich hatte in meinem Leben schon große Angst.

-III-
Ein Anruf im Hôtel de l'Europe

Meinen Bruder ließ man in Ruhe, er machte im *Maquis* in Le Brugeron weiter. Dort waren die Leute unheimlich nett.

Le Brugeron

Die T.s hatten ihn in ihr Familienstammbuch eintragen lassen, so dass mein Bruder nun nicht mehr R., sondern T. hieß.

Also, das musste man sich erst mal trauen!

Les Pradeaux

Das ganze Dorf war für die Widerstandskämpfer. Bis auf den Bäcker vielleicht.

Ihn hatte man allerdings gewarnt:

"Wenn du nicht in deinem Ofen landen willst, solltest du uns bedienen, wenn wir zu dir kommen, um Brot zu holen."

Er verhielt sich anständig, bis zum Schluss, auch wenn er eigentlich doch eher ein Kollaborateur und kein Mann des Widerstands war.

Eines Tages war der Chef dieses *Maquis* ... war es die FTP-Gruppe? Ich glaube, so etwa hieß sie, die *Armée secrète* war ja eher eine konservative Truppe, während die anderen mehr links standen. Ich erinnere mich noch nicht einmal mehr daran, wie man diesen *Maquis* nannte. Auf jeden Fall war es in Le Brugeron, dass einer von denen mit der Kasse durchgebrannt war.

Am 31. Januar 1944 verließ Nestor, Chef der Chambonie-Gruppe, seine Truppe. Er verschwand mit zehn seiner Männer und sämtlichen Waffen.

Was macht man, wenn man kein Geld mehr hat? Die Jungs stiegen in ihre Autos und fuhren weg, in alle Richtungen.

Mein Bruder wollte sich zu uns nach Pouilly durchschlagen, doch er bekam eine Meningitis, und so blieb er bei Bauern in Le Brugeron. Aber vier andere Männer kamen zu uns. Sie wollten sich die Haare schneiden lassen, ich habe sie gewarnt:

Sie wussten, dass das für uns nützlich sein könnte. Sie gingen also trotzdem hin und wurden alle vier von der Gestapo verhaftet.

Sie wurden in Roanne gefoltert. Man hielt ihre Finger in eine Moulinette und schaltete das Gerät ein. Die Messer drehten sich, immer und immer weiter, so dass ihre Finger zerstückelt wurden. Schließlich redeten sie unter der Folter.

Man kann es den Männern nicht verdenken. Was hätten wir unter der Folter getan? Vielleicht ja das Gleiche?

„Wir gehören zusammen mit Joannès R. und seinen beiden Schwestern zum *Maquis* ... Das Haus ihrer Eltern dient als Waffenlager ..."

So wurden auch wir verhaftet. Man holte uns am Nachmittag gegen 2 Uhr.

In Le Brugeron konnten die Bauern meinen Bruder nicht bei sich behalten, und da man damals kein Telefon hatte, schickten sie uns eine Benachrichtigung für einen angemeldeten Anruf.

Ich weiß nicht mehr, ob uns diese Nachricht von einem Mann oder einer Frau gebracht wurde, aber sehr gewitzt war diese Person jedenfalls nicht.

Wenn man kein Telefon besaß, konnte man auf einem öffentlichen Apparat angerufen werden. Man erhielt in diesem Fall eine Mitteilung mit Angabe von Ort und Zeitpunkt des Anrufs.

Wenn ich gesehen hätte, dass Deutsche im Haus sind, wäre ich doch nicht hineingegangen! Ich hätte mir gesagt:

„Oh, oh, da sind Deutsche im Haus, da überbringe ich lieber nichts."

Er - oder sie - überbrachte uns jedoch diese Nachricht bzw. bekamen nicht wir sie, sondern die Deutschen.

„Anruf um 3 Uhr im Hôtel de l'Europe. Da fahren wir hin!"

Sie brachten uns natürlich um drei zum Telefonieren in dieses Hotel. Damals hatten die Telefone noch Hörer. Sie nahmen also den Hörer und ließen uns sprechen.

Frau T. sagte:

Wir werden Joannès nach Saint-Georges-sur-Allier bringen.

Wie hieß das doch gleich, dort lebten Priester oder Mönche. Der Name ist mir entfallen, es war kein Kloster, aber so was Ähnliches. Mitten im Wald.

Danke, jetzt wissen wir, wo euer Bruder steckt.

Sie brauchten nur hinzufahren, um ihn zu fassen. Meinen Bruder und vielleicht noch andere, denn er versteckte sich dort möglicherweise nicht allein.

Danach fragten sie uns:

Wo ist das Haus eurer Eltern?

Wir haben kein Haus.

Ich glaube, sie hatten gar nicht das notwendige Zeug dabei, denn sie machten weder das eine noch das andere.

Dabei war eigentlich alles da, mit den Sprengsätzen für die Brücken. Sie hätten das Haus durchaus sprengen können. Irgendetwas schien sie abzuhalten.

Sechs Jahre nach der Befreiung erklärten Francine und ihr Bruder Joannès in einem Protokoll der Gendarmerie, dass die Deutschen in La Goutte-Poisson nur ein Fahrzeug vorfanden, denn nach der Verhaftung ihrer Kameraden in Roanne hatten die Widerstandskämpfer die Waffen an den Tagen davor weggeschafft.

Außerdem wollten sie vor allem meinen Bruder finden.

Doch es gelang ihnen nicht, ihn zu verhaften, denn die Widerstandskämpfer erwarteten sie bereits ...

Le Brugeron liegt in den Bergen, die Straße dorthin ist voller Serpentinen. Dort lauerten die Kämpfer ihnen auf und nahmen sie unter Beschuss, sobald sie in ihr Visier gerieten.

Die Deutschen schafften es bis zum Bauernhof T., weiter kamen sie nicht. Sie hatten in den Kurven bereits viele ihrer Männer verloren.

Anfang 1944 waren die Widerstandsgruppen in dieser Kampfzone mehreren Angriffen ausgesetzt: La Cartelade im Januar, La Pourrière im Februar, Saint-Nicolas-des-Biefs im März, Le Brugeron und Vollore-Montagne im Juli, Pont-Saint-Esprit im August usw.

Das Haus aber war voller Einschüsse.

-IV-
Französische Gefängnisse

Von dort brachte man uns in die Combe-Kaserne von Roanne.

In dieser Kaserne blieben wir eine Woche, glaube ich. Die Gebäude gibt es heute noch.

Die Straße der Gestapo übrigens auch, sie haben sie *Rue de la Gestapo* getauft. Ich glaube, sie befindet sich gleich neben der *Rue des Déportés*.

In Roanne liegt die *Rue des Déportés* in der Tat in der Nähe des ehemaligen Gestapogebäudes. Eine *Rue de la Gestapo* gibt es dagegen nicht, wahrscheinlich nannte man so nach dem Krieg die Straße, in der sich während der Besatzungszeit die Gestapozentrale und die Kommandantur befanden.

Wir wurden natürlich von den *Boches* bewacht.

Die *Garde mobile* und die *Gendarmerie nationale* haben ihren Sitz auch heute noch am selben Ort. Die alten Gebäude von 1906/1909 wurden jedoch 1980 abgerissen.

Die Zellen waren nicht groß, ich weiß nicht mehr, wie groß genau. Mit vier bis fünf Schritten war man einmal rum. Ein Brett - wirklich nur ein Brett - zum Schlafen, und daneben ein Abortkübel.

Wie auch später in Saint-Étienne mussten wir hier nicht die „Badewanne" ertragen. Meine Schwester wurde als Erste nach oben zum Verhör geholt.

Die „Badewanne" war eine Foltermethode des simulierten Ertränkens.

In Roanne hatten wir beide noch Glück, wir wurden nicht gefoltert. Denn die Gestapo war schrecklich. Einfach schrecklich! Schrecklich, schrecklich!

Meine Schwester wurde als Erste geholt.

Ich hatte ganz leise, denn die *Boches*, die uns bewachten, waren immer da, mit einem Mann gesprochen, der mir sagte:

Wenn man Sie in die zweite Etage bringt, erwartet Sie die „Badewanne".

Also ein heißes und ein kaltes „Bad". Den Ärmsten hatten sie grün und blau geschlagen.

Als ich an der Reihe war, brachte man mich ins erste Obergeschoss, ich wusste nicht, ob meine Schwester im zweiten war.

Wir begegneten uns im Treppenhaus, jede von uns hatte zwei Deutsche hinter sich und zwei Maschinenpistolen im Rücken. Ich stieg die Treppe hinauf, und sie kam herunter.

Sie weinte. Als ich sie so sah, sagte ich mir:

Mein Gott, sie wurde bestimmt gefoltert!

Sicherlich hat Karcher sie gefoltert.

Marcel Karcher stammte aus dem Elsass, er lebte ab 1934 in Roanne, wo er als Vertreter für Mineralöle (sowie Zeugenaussagen zufolge als Chauffeur für verschiedene Textilbetriebe) arbeitete. Die Feldgendarmerie stellte ihn als Übersetzer ein.

Ihre Hände waren vorn über Kreuz zusammengebunden, doch mit einem Finger gab sie mir ein Zeichen, das bedeutete:

Nein, sie hatte nichts gesagt.

Um den 15. April herum wurden wir nach Saint-Étienne in die Grouchy-Kaserne gebracht.

Bahnhof von Roanne

Die Gefangenen wurden im Allgemeinen mit dem Zug transportiert, in einem oder mehreren beschlagnahmten Abteilen; bewacht wurden sie von französischen Gendarmen.

Dort war alles viel größer. In Saint-Étienne blieben wir am längsten.

Grouchy-Kaserne

Vielleicht einen Monat, mindestens aber drei Wochen.

Von Grouchy ging es weiter nach Romainville, ein Vorort von Paris.

5. Mai 1944

Das Fort von Romainville wurde 1940 von den Deutschen beschlagnahmt und fortan als Frontstalag und Haftlager 122 genutzt. 1941 wurden hier die Gegner der deutschen Besatzung interniert. Ein Jahr später wurden im Fort Geiseln aus der Pariser Region festgehalten. 1944 wurde das Fort zum Lager der zur Deportation bestimmten Frauen. 7.000 Mitglieder der Résistance waren hier interniert. Francine hatte die Häftlingsnummer 5360.

In Romainville verteilte das Rote Kreuz vor der Abfahrt des Transports, in dem auch Francine war, Lebensmittelpakete. Das war jedoch nicht bei allen Transporten so. Anfangs entsprach der Inhalt der Pakete kaum den Lebensbedingungen der Häftlinge; das besserte sich bis zum Ende des Krieges.

Von Romainville wurden wir mit dem Zug nach Ravensbrück gebracht, in das schreckliche Konzentrationslager.

13. Mai 1944

Gare de l'Est

In den Waggons waren nur Frauen.

Die meisten von ihnen waren Widerstandskämpferinnen, aber ich glaube, es waren auch andere dabei, ganz bestimmt sogar.

Ich weiß, dass in Saint-Étienne auch Juden waren, ganze Familien, sogar zwei, drei Monate alte Babys. Das hatte ich in Saint-Étienne gesehen.

Für Ravensbrück kann ich das nicht sagen. Ich weiß nicht, ob das alles Widerstandskämpferinnen waren.

Die Fahrt dauerte vielleicht zwei Tage, ich erinnere mich nicht mehr.

Der Transport I 212 vom 13. Mai 1944 setzte sich aus 552 Frauen zusammen, davon 515 Französinnen. Von April bis August 1944 wurden insgesamt 2.300 Frauen von Romainville nach Ravensbrück deportiert. Die Männer wurden im Lager von Compiègne interniert.

Jedenfalls kamen wir nachts in Ravensbrück an. Ich denke nicht, dass die Fahrt von uns Frauen länger dauerte. Und trotzdem hatten wir bei der Ankunft schon Tote im Waggon!

Wir waren in Viehwaggons zusammengepfercht, 120 Frauen pro Waggon. In der Mitte stand ein Abortkübel, man befand sich besser nicht in seiner Nähe, sonst wurde man vollgespritzt.

Ich war nicht neben dem Kübel, aber ich wurde trotzdem mit der üblen Brühe der anderen vollgespritzt.

Vor allem aber hatten wir Durst! Es hatte ein bisschen geregnet, und wir konnten das Regenwasser über eine winzige Regenrinne auffangen. Es war braun, aber wir teilten es uns trotzdem. Wir tranken es, wenn man das überhaupt trinken nennen konnte – im Nu war es weg!

Mehr als zwei oder drei Tropfen waren es nicht. Das war alles! Wir hätten daran sterben können.

Trinken kann man das jedenfalls nicht nennen.

Im Zug prügelte man sich. Wir nicht, denn mit dem Paket, das uns das Rote Kreuz in Romainville gegeben hatte, konnten wir durchhalten. Auch wenn da nur Süßigkeiten drin waren, Lebkuchen, Zucker, Schokolade, Konfitüre ...

Das Paket war gut gemeint, aber es enthielt nicht das, was wir uns gewünscht hätten.

Wir hätten einfach etwas zu trinken gebraucht.

-V-
Ravensbrück

In Ravensbrück war es furchtbar, zumal wir mitten in der Nacht ankamen.

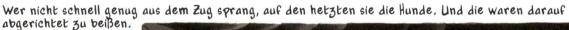

Wir jungen Frauen schafften es problemlos, aus den Viehwaggons zu springen, aber die Alten, es gab auch 80-jährige Omis unter uns, die konnten doch nicht springen!

Und was machten die *Boches*? Sie stiegen in den Zug, und - zack! - trieben, schoben und stießen sie die Frauen hinaus.

So manche alte Frau stürzte kopfüber mit all ihrem Krempel aus dem Waggon.

Wie in allen Konzentrationslagern bildeten die Häftlinge Fünferreihen, um sich in Kolonne in Marsch zu setzen.

Von dort aus gingen wir, also ... kamen wir ins Lager ...

... rein durchs Tor und raus durch den Schornstein.

Ankunft des Transports I 212 in Ravensbrück am 18. Mai 1944

Nach unserer Ankunft mussten wir die ganze Nacht im Freien verbringen, bei Regen, bei Wind, bei welchem Wetter auch immer.

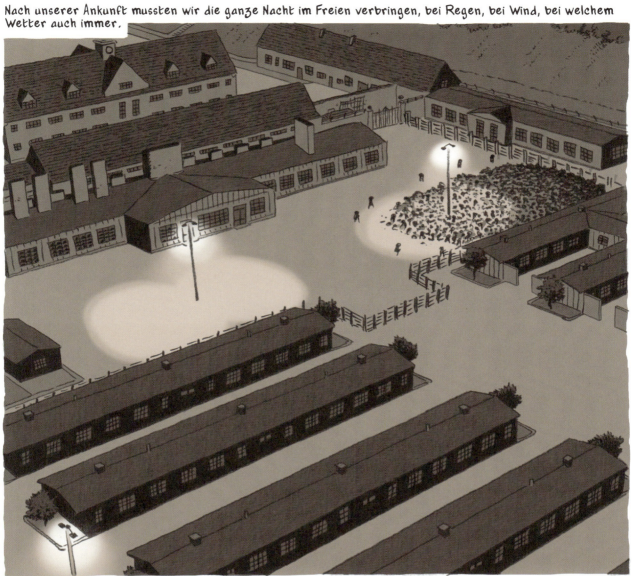

Dann kamen wir in eine Baracke, nackt. Vollkommen nackt vor den Deutschen!

SS-Oberscharführer Hans Pflaum

Puh, das erste Mal ist man echt schockiert, wenn man sich vor Männern nackt ausziehen muss. Zumal vor unseren Feinden!

Baracke mit Duschen und Küchen

Vor Franzosen wäre es aber nicht anders gewesen.

Dort wurde uns alles Mögliche entfernt. Sie fingen bei den Haaren an.

Nach den Haaren: Entlausung der Schamhaare.

Arbeitsgerät: Zahnbürste

Meine Schwester und ich hatten riesiges Glück, wir wurden nicht geschoren. Unser Haar war wohl nichts wert. Vor mir war eine Frau oder ein Fräulein an der Reihe, sie hieß Josette.

Ihr Familienname fing bestimmt mit einem „R" an, denn wir traten in alphabetischer Reihenfolge an. Als sie herauskam, sah ich, dass sie vollkommen kahl geschoren war. Ich glaube, das hätte mir allen Mut genommen, ich glaube, das hätte … Oh ja, wirklich, ich wurde immer mutloser.

Die Dusche: abwechselnd eiskaltes oder kochend heißes Wasser. Wer dem ausweichen wollte, wurde von den Aufseherinnen geschlagen.

Dann mussten wir, immer noch splitternackt, zum Zahnarzt.

Damals hatte ich noch all meine Zähne, aber den Frauen, die Goldzähne hatten, wurden diese gezogen.

Dr. Hellinger, SS-Zahnarzt

Sie nahmen alles weg, was aus Gold war. Den Brillenträgerinnen, ob jung oder alt, wurde die Brille weggenommen.

Brillen wurden nicht systematisch konfisziert.

So gab es Berge von Brillen. Berge von Schmuck haben wir dagegen nie gesehen. Ich weiß nicht, was sie mit dem Schmuck machten, gehortet haben sie ihn jedenfalls nicht.

Alle gestohlenen Gegenstände wurden in „Magazinen" aufbewahrt.

Sie nahmen alles. Zähne, Schmuck, Prothesen, Gehstöcke, alles. Alles wurde uns weggenommen.

Wir verbrachten die ganze Nacht im Freien, aber wir hatten ja noch unsere schon mehrfach erwähnten Pakete.

Nachdem wir die Zeit von 4 bis 6 Uhr morgens im Freien verbracht hatten, brach eine Kolonne von Französinnen auf.

Wecken um 3 Uhr (im Sommer, im Winter etwas später), Antreten auf dem Appellplatz von 4 bis 7 Uhr bei jedem Wetter und jeder Temperatur, Strammstehen. Selbst die kleinste Bewegung war verboten, sonst setzte es Schläge oder die Hunde wurden losgelassen.

Sicher waren nicht alle Frauen Französinnen, doch diese riefen uns zu:

Gebt ihnen nicht eure Pakete! Zertretet sie!

Wir verstanden das nicht, doch wir nahmen unsere Pakete und zertrampelten alles. Die Lebkuchen, die Schokolade, die Konfitüre. Wir standen in einer dicken Pampe und stapften darin herum.

Wir wussten damals noch nicht, dass die Deutschen vor Hunger fast umkamen. Sie hatten nicht viel zu essen. Warum hatten sie uns die Pakete nicht abgenommen, bevor wir sie zertrampelten? Und wir wurden deswegen auch nicht geschlagen.

652 Pakete, die sie uns nicht abnahmen! Die wir vor ihren Augen in den Schmutz traten, ja eigentlich in eine klebrige Pampe verwandelten. Wir waren zufrieden, denn wir hatten damit sogar noch eine Pflicht erfüllt. Wir sagten uns, dass sie sich nun wenigstens nicht den Bauch vollschlagen konnten. Wenigstens das nicht!

Am nächsten Morgen kamen wir in eine Baracke, die Wasserhähne durften wir allerdings nicht aufdrehen.

Auch nicht, wenn ihr Durst habt!

Viele kippten um, vor Durst, aus Müdigkeit und überhaupt.

Ich hatte ein zusätzliches gestreiftes Hemd bekommen. Wir hatten sogar Nachthemden! Jede von uns bekam ein marineblaues Nachthemd mit weißen Streifen, das allerdings nicht sehr lang war. Mit den Kleidern war es das Gleiche, wir versuchten, sie schnell untereinander zu tauschen.

Dann gab man uns unsere Häftlingsnummer, die wir aufnähten. Anschließend blieben wir 40 Tage lang in Quarantäne, ohne jede Beschäftigung. Die hatten Angst, dass wir irgendwelche Krankheiten einschleppten.

Block 15

Die Quarantäne hatte auch finanzielle Gründe: Indem die Nazis Krankheits- und Todesfälle geringhielten, sicherten sie sich ihren Gewinn, den sie durch das Ausleihen der Häftlinge an Unternehmen erzielten.

Danach mussten wir ein wenig arbeiten. Ich habe vor meinem Abtransport nach Watenstedt etwa zwei Wochen damit verbracht, Toten die Kleidung auszuziehen, damit Neuankömmlinge sie wieder anziehen konnten.

Trotz der Quarantäne durften die Häftlinge den Block für Arbeitseinsätze verlassen, um z. B. im Sumpf Schilf zu schneiden oder andere Arbeiten außerhalb des Lagers zu verrichten.

Diese Arbeit war einfach schrecklich. Manchmal bewegten sich die Frauen noch, und wir mussten sie entkleiden. Es war der blanke Horror.

Bei den Männern war es genauso, sie entkleideten die Männer. Wenn man sich weigerte, einen Toten auszuziehen, war man selbst dran. Dann ging's ab ins Feuer, in den Ofen des Krematoriums.

Ja, ja, das waren wirklich Barbaren, Barbaren durch und durch.

Männerlager

In Ravensbrück gab es ab 1941 ein kleineres Männerlager (20.000 registrierte Häftlinge).

Vergessen wir nicht, dass Ravensbrück ein Straflager der Nazis war, das schon länger bestanden hatte.*

Früher waren dort deutsche Frauen eingesperrt, die Zwangsarbeit leisten mussten.

Sie hatten ihren Vater, ihre Mutter oder ihr Kind umgebracht, was weiß ich.

*Ravensbrück, das größte und bis 1942 einzige Frauenkonzentrationslager im Zweiten Weltkrieg (mit insgesamt 123.000 weiblichen Häftlingen), war anfangs ein Lager für deutsche politische Gefangene, die Gegnerinnen des NS-Regimes waren. Es war zu diesem Zweck 1939 eingerichtet worden.

Wir sahen ihnen bei der Arbeit zu, denn wir waren ja in Quarantäne: Sie trugen einen Wasserschlauch, immer auf der gleichen Schulter, und ich weiß nicht, wie lange, aber bestimmt einen Monat lang begossen sie die Steine.

Die erste ganz vorn trug Stiefel, vielleicht, um weniger nass gespritzt zu werden, was weiß ich.

Wobei eine solche Rücksicht eigentlich erstaunlich gewesen wäre, aber wer weiß, schließlich waren es deutsche Frauen. Den ganzen Tag lang begossen sie die Steine. So war das, das war die Zwangsarbeit.

Oder sie mussten eine Walze durch die Straßen ziehen. Damals hatte man noch nicht, was es heute gibt, das war einfach eine Handwalze. Sie mussten sie zu dritt oder zu viert ziehen, aber eigentlich hätte man dafür zehn Frauen gebraucht. Das war nun wirklich Zwangsarbeit!

Wenn das Versorgungsauto kam, fuhr es nicht durch das Tor, sondern blieb draußen stehen. Die Frauen mussten die Essenkübel dann bis zum Küchenblock schieben. Auch das war echte Zwangsarbeit! Und es waren deutsche Frauen, die sie leisten mussten.

Damals waren meine Schwester und ich noch zusammen. Bis dahin hatte man uns noch nie getrennt, das passierte erst in Ravensbrück. Schwestern sollten eigentlich nicht getrennt werden. Man trennte Väter und Söhne, Mütter und Töchter, man sollte offensichtlich nicht zusammenbleiben und sich gegenseitig helfen.

Marie-Louise sollte als Erste mit einem Transport das Lager verlassen.

Der Transport ging nach Hannover. Es gab noch einen anderen vorher, aber ich erinnere mich nicht mehr, wohin. Mit Hilfe von Monique B., einer Französin und Dolmetscherin aus Paris, baten wir um einen Termin beim Lagerkommandanten. Wir wollten ihm sagen, dass ...

... wir Schwestern sind und nicht getrennt werden wollen.

Er hat uns empfangen. Er sprach nur Deutsch, die Dolmetscherin trug ihm unser Anliegen vor. Beim ersten Mal klappte es, wir gingen beide zurück und blieben noch etwa 14 Tage zusammen.

Fritz Suhren, SS-Offizier und Kommandant von Ravensbrück, August 1942 bis April 1945

Beim zweiten Transport wurde wieder nur meine Schwester für Hannover ausgewählt, ich nicht. Wir versuchten noch einmal unser Glück, doch dieses Mal klappte es nicht. Mir gab man eine rosa Karte. Der Text war auf Deutsch, das ich nicht verstand.

Marie-Louise R. wurde am 10. April 1945 von der amerikanischen Armee in Hannover befreit.

Die rosa Karten „befreiten" die Karteninhaberinnen „von schweren Arbeiten". Bei Selektionen waren die Inhaberinnen solcher Karten besonders gefährdet.

Am nächsten Tag ging der Kommandant beim Appell durch die Reihen, um uns zu zählen, immer fünf pro Reihe. Er schickte die einen nach links und die anderen nach rechts. Wer eine Karte vorzeigte, wurde nicht mehr zur Arbeit geschickt, sondern sollte vergast werden.

Zu der Zeit wurden die zur Vergasung bestimmten Häftlinge noch von Ravensbrück aus an andere Orte gebracht, zudem gab es Erschießungen. Die Gaskammer von Ravensbrück wurde erst im Winter 1944/1945 eingerichtet und nahm ab Februar 1945 ihren Betrieb auf. Sie befand sich gleich neben dem Krematorium.

Ich erinnere mich nicht mehr, auf welche Seite man mich schickte, aber da Monique gesagt hatte, dass ich in die Gaskammer kommen sollte, dachte meine Schwester, die nach Hannover auf Transport ging, dass sie mich niemals wiedersehen würde. Doch dann wurde noch einmal selektiert.

Zu mir und ein paar anderen sagte der Lagerkommandant: RAUS! Was das hieß, wussten wir: Nichts wie weg hier! Ich kam also wieder zu den Arbeiterinnen. Wir waren zehn, so ungefähr zehn.

Ich denke, dass wir zehn wieder aussortiert wurden, um uns in den Lagern arbeiten zu lassen, weil wir jung waren. Er wird sich wohl gesagt haben, dass diese jungen Frauen noch als Arbeitskräfte zu gebrauchen waren. Aber zehn aus der Gruppe von Frauen rauszunehmen, die vergast werden sollten, ...

-VI-
Versuchskaninchen

Bunker

Hinter unserer Baracke befand sich der Block, in dem die medizinischen Versuche durchgeführt wurden.

Man nahm sie an Verletzten vor. Doch ich denke, dass auch im Krankenrevier so etwas gemacht wurde.

Krankenrevier

Oh ja, ganz bestimmt sogar.

Sie machten Versuche an Frauen. Man entnahm ihnen z. B. Knochenmark. Wir haben sie im Lager gesehen, sie starben innerhalb einer Woche.

Von August 1942 bis August 1943 wurden fünf Versuchsserien im Krankenrevier und im Bunker durchgeführt. Sie wurden an 84 mehrheitlich polnischen Häftlingen, den sogenannten Kaninchen, vorgenommen. Einige der Frauen wurden sechs Mal operiert. Trotz der Bemühungen der Nazis, alle Spuren dieser Versuche zu beseitigen, überlebte ein großer Teil der Opfer.

Sie schleppten sich nur mit Mühe dahin, sie hatten kein Mark mehr in den Knochen. Ihre Waden waren aufgeschnitten, die Wunden offen. Es war einfach schrecklich.

Einige Polinnen fotografierten ihre Verletzungen, um später Zeugnis von ihren Verstümmelungen ablegen zu können.

Die NS-Ärzte testeten synthetische antimikrobielle Substanzen, Sulfonamide, auf ihre Wirkung gegen Gasbrand. Hinzu kamen Versuche an Knochen, Muskeln und Nerven (Ablationen, Destruktionen usw.).

Es war schrecklich, diese Wunden anzusehen, aus denen noch das Blut lief. Die Frauen konnten nicht mal mehr laufen!

Bei anderen war es die Wirbelsäule, bei wieder anderen war es ... Vor allem an Polinnen machten sie diese Versuche. An Französinnen nicht, glaube ich.

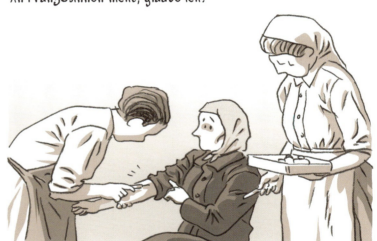

Französinnen waren in Ravensbrück meiner Meinung nach kaum davon betroffen. Polinnen dagegen jede Menge! Russinnen wohl auch nicht, glaube ich. Wobei ich es gar nicht für alle sagen kann.

74 Polinnen, 2 Ukrainerinnen, 1 Russin, 1 Belgierin, 5 deutsche Zeuginnen Jehovas

Es gab auch Zigeunerinnen im Lager. Die ließ man ziemlich in Ruhe, sie mussten übrigens noch nicht einmal arbeiten. Warum eigentlich? Das haben wir nie erfahren.

Ich erinnere mich noch nicht einmal mehr an ihre Winkel.

120 bis 140 Sintezze und Romnja wurden Opfer von Zwangssterilisationen, die Anfang 1945 an jungen Frauen und an Mädchen, die noch keine 10 Jahre alt waren, vorgenommen wurden.

Da waren die Grünen, die Gelben, die Blauen usw. Ich denke, dass die Zigeunerinnen im Lager waren, um vernichtet zu werden, deshalb mussten sie auch nicht arbeiten. Ich weiß nicht mehr, ob es auch Spanierinnen im Lager gab. Aber dass wir eine Amerikanerin hatten, das weiß ich noch ganz genau.

Eine der Frauen war schwarz.

So wurde sie von ihren Mithäftlingen genannt, die nicht wussten, wie sie hieß. Diese Frau war die einzige aus Frankreich nach Ravensbrück deportierte Schwarze. Sie sagte fast nie etwas.

Aber natürlich gab es jede Menge Polinnen, Russinnen und Tschechinnen. Von denen gab es viele.

Und all diese Spritzen, die sie uns verpassten! Ich bin davon unfruchtbar geworden, aber ich war ganz bestimmt nicht die Einzige. Wenn wir z. B. an einem Tag 300 waren, die eine solche Spritze bekamen, dann ging es bei unserer Rückkehr 300 Frauen wie mir: Sie konnten keine Kinder bekommen.

Spritzen in den Rücken, in die Schulter, wir haben nie erfahren, was sie uns da spritzten.

Mit Ausnahme der Sintezze und Romnja konnte bei den Frauen, die unfruchtbar aus Ravensbrück zurückkehrten, keine spezifische medizinische Behandlung im Lager nachgewiesen werden.

Sie sagten uns nicht, was das war. Wir erfuhren es nie, zu keinem Zeitpunkt. Das wäre ja auch zu schön gewesen, sonst hätten wir gesagt, dass wir das nicht wollten. Einigen spritzte man Typhus. Von den 200 Häftlingen, denen man das spritzte, erkrankten auch 200!

Während der Quarantäne mussten die Frauen mehrere Male zu Impfungen und allgemeinen gynäkologischen Untersuchungen zum Arzt. Die Begutachtung der Körper, besonders der Hände, war ein Teil der Selektion von Häftlingen für die Arbeitskommandos.

Das oder irgendwas anderes, ich weiß es nicht. War es Typhus? Es gab viele Typhus-Fälle.

Manche waren Versuchskaninchen im wahrsten Sinne des Wortes. Ich sehe noch ihre Beine. Reine Versuchskaninchen! Und wenn es denen in den Sinn kam, uns ihre Spritzen zu verpassen, dann waren wir es auch.

Die Chefs von Unternehmen konnten an dieser Selektion teilnehmen.

6. Juli 1944

Nach dem Appell um 3.45 Uhr

Wir kamen um vor Hunger! Wir futterten alles, was wir nur finden konnten. Löwenzahn, Baumwurzeln. Wir hätten uns vergiften können, doch das war uns egal, wir brauchten was zu beißen.

Verteilung sauberer Kleidung an die Häftlinge, die für das Lager von Watenstedt selektiert worden waren.

Den Löwenzahn aßen wir samt den Pusteblumen.

Ich weiß nicht, wie ich das runtergekriegt habe. Wenn ich heute eine grüne Bohne essen soll, an der noch ein bisschen Faden hängt, krieg' ich sie nicht runter. Damals schluckte ich das einfach so.

Wir kamen um vor Hunger, wir wurden geschlagen.

Wir waren ...

Eines Tages bekam ich Angina und ging trotz 40° Fieber arbeiten. Denn wenn man darum bat, ins Revier, also in die Krankenbaracke gehen zu dürfen, war man nicht sicher, dort wieder lebend herauszukommen.

Da war es schon besser, krank zur Arbeit zu gehen. Das Revier bedeutete den sicheren Tod.

Hütte Braunschweig

Seither habe ich sehr oft Halsschmerzen, sehr, sehr oft sogar.

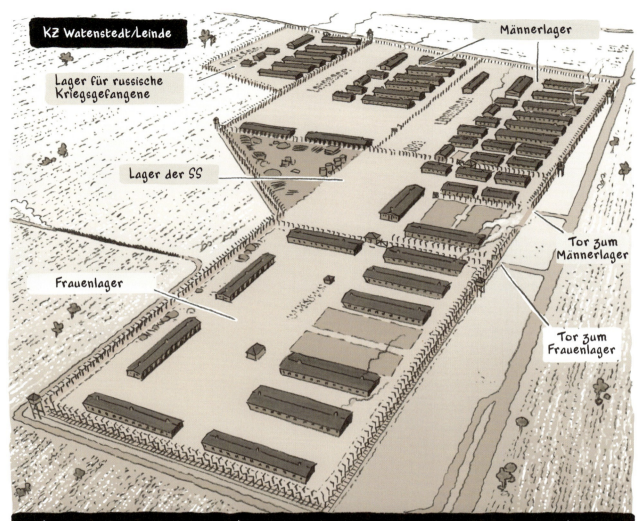

Das Konzentrationslager von Watenstedt/Leinde war zunächst ein Männerlager. Nach der Erweiterung des KZ wurden die Männer im neuen Lagerteil untergebracht, während in den alten Teil Frauen einzogen. Das Lager zählte etwa 2.000 Männer und 1.500 Frauen. Sie alle wurden von der SS als Arbeitskräfte an die Reichswerke Hermann Göring ausgeliehen, wo sie Munition herstellten. Auf dem Gelände befand sich auch ein Lager für russische Kriegsgefangene.

Ab 1942 wurden etwa 80 Außenlager eingerichtet, die dem Konzentrationslager Neuengamme bei Hamburg unterstellt waren; 20 davon waren für Frauen bestimmt. Watenstedt/Leinde war eines davon.

Eines Tages besuchte ich mit einer meiner Freundinnen eine junge Polin. Sie war vielleicht 16 Jahre alt, ein hübsches junges Mädchen. Sie hatte im Lager einen Jungen getroffen, der aus dem gleichen Dorf wie sie stammte.

Elektrozaun

Die Polen konnten zu uns kommen, dahin, wo wir arbeiteten, wir dagegen durften das Gelände nicht verlassen. Sie hatte den Jungen aus ihrem Dorf erkannt, er sie dagegen nicht. So ist das, in einem Dorf kennt eben auch nicht jeder jeden.

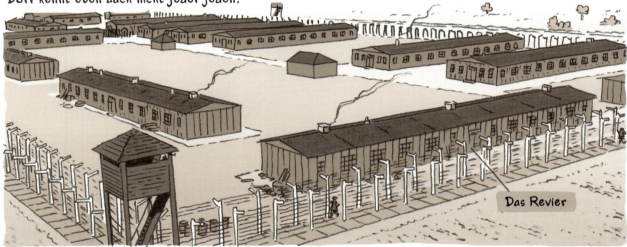

Das Revier

Sie hatte eine kleine Holzschachtel gefunden (die ihr wohl jemand gegeben hatte), da schrieb sie ihren Namen und Vornamen drauf und ihre Adresse.

Gerade, als sie das machte, kam ein SS- oder Gestapo-Mann vorbei.

Sie haben das Mädchen gefoltert! Richtig schlimm gefoltert! Es war entsetzlich! Sie stellten die Kleine unter eine Dusche, aus der eiskaltes Wasser kam, und hielten ihren Kopf unter Wasser.

Als sie schon am Ersticken war, holten sie sie raus und steckten ihren Kopf in kochend heißes Wasser.

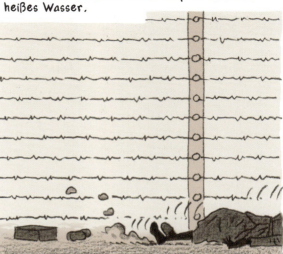

Und als sie da wieder rausgeholt wurde, war sie schon mehr tot als lebendig. Die Aufseherinnen stellten sich mit ihren metallbeschlagenen Stiefeln auf ihren Bauch und zertrampelten ihr die Leber.

Am Abend ging ich nach der Arbeit mit Andrée, meiner Freundin und Leidensgenossin, zu ihr ins Revier. Wir erkannten sie nicht wieder!

Sie war gelb, sie war grün, sie hatte alle Farben des Regenbogens.

Und sie schrie und schrie! Sie litt schreckliche Qualen. In der Nacht oder am nächsten Tag starb sie. Wie konnten Menschen nur so etwas tun? Macht man denn so was?

Diese Männer waren doch verheiratet, hatten Frauen und Kinder. Genau wie diese Frauen, die waren doch auch Mütter. Wie konnten sie nur so grausam sein?

Ich sah, wie man junge Mädchen mit Schaufelhieben erschlug.

Denn manche waren total verdreckt, die Polinnen wuschen sich ja nicht die Füße. Die wuschen sich überhaupt nicht! Und darin sollten wir dann schlafen!

Es war grauenvoll! Da konnte man wirklich jeden Mut verlieren, es war einfach niederschmetternd.

Die Polinnen waren die Schlimmsten. Denn die ... Da könnt ihr selbst einen der Männer fragen, kein Häftling wird jemals etwas Gutes über einen Polen sagen.

Die Blockowas, die Blockältesten, waren oft „Kriminelle".

Sie klauten. Sie hätten uns verpfiffen, selbst wenn wir nichts getan hätten. Sie hätten uns ans Messer geliefert. Deren Mentalität war einfach so.

Die Kapos mochten wir auch nicht, die taugten nichts, die waren meistens auch Polen.

Zum besseren Verständnis von Francines Äußerungen sei daran erinnert, dass Polinnen schon sehr früh in Lagern interniert wurden und zu jener Zeit bereits sehr unter dem System der NS-Lager gelitten hatten. Es ist auch gut möglich, dass sie an den Französinnen ihren Groll darüber ausließen, dass Frankreich sie nach dem Überfall Deutschlands auf Polen 1939 nicht unterstützt hatte.

Sie schlugen fast noch häufiger zu als die Deutschen. Sie waren wirklich, wirklich gemein! Damit will ich natürlich nicht sagen, dass die Deutschen uns nicht schlugen, denn wenn sich ihnen eine Gelegenheit bot …

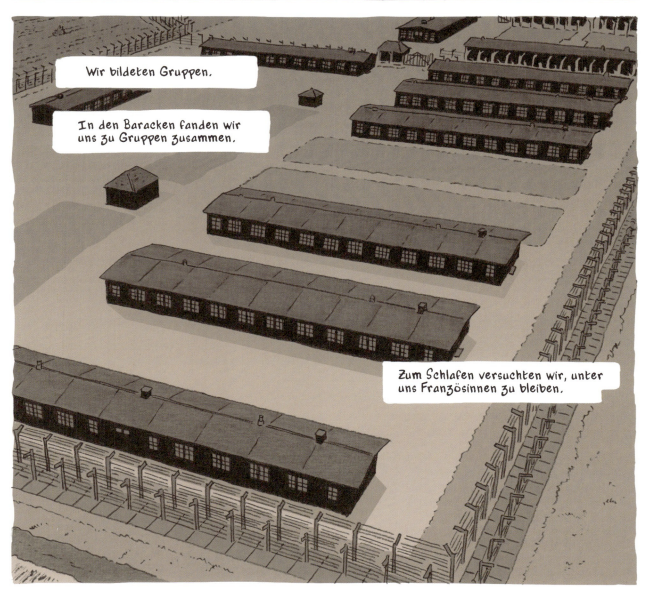

Wir bildeten Gruppen.

In den Baracken fanden wir uns zu Gruppen zusammen.

Zum Schlafen versuchten wir, unter uns Französinnen zu bleiben.

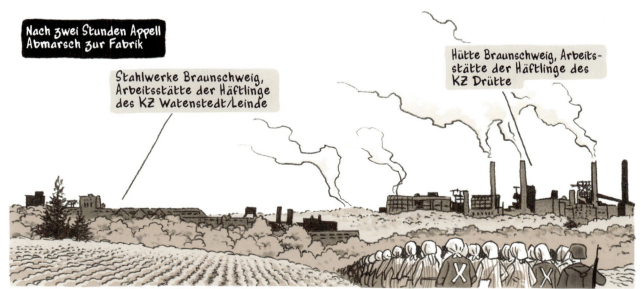

-VIII-
Die Reichswerke Hermann Göring

Meine Schwester hatte es ganz gut getroffen, denn sie arbeitete in einer Gummifabrik und konnte bei der Arbeit sitzen.

Aber ihre Arbeitszeit betrug trotz allem zwölf Stunden, eine Woche zwölf Stunden Tagschicht und eine Woche zwölf Stunden Nachtschicht.

Ich dagegen arbeitete in den Reichswerken Hermann Göring.

Die Reichswerke (ein Staatsbetrieb) wurden 1937 im Rahmen des Vierjahresplans zur Wiederaufrüstung Deutschlands gegründet. Sie trugen den Namen Hermann Görings, er hatte die Oberaufsicht über die Reichswerke. Die Stahlwerke Braunschweig, die 1942 noch vor der Gründung der Stadt Watenstedt-Salzgitter errichtet wurden, nannten sich nach dem Land Braunschweig, in dem sie sich befanden. Sie entwickelten sich zum größten Unternehmen des Landes.

Hütte Braunschweig

① KZ Drütte

Watenstedt

Immendorf →

Bahnhof Immendorf

Stahlwerke Braunschweig

② KZ Watenstedt/Leinde

Die Häftlinge wurden ab September 1942 zur Zwangsarbeit eingesetzt. Das KZ Drütte (1), in dem die ersten Häftlinge (Männer) interniert waren, wurde auf dem Werksgelände der Hütte Braunschweig errichtet. Im Mai 1944 kam das KZ Watenstedt/Leinde (2) in der Nähe der Stahlwerke Braunschweig hinzu. Dort arbeiteten die Häftlinge (Männer und Frauen) dieses Lagers. In der Region Salzgitter wurde zur Unterstützung der deutschen Kriegsanstrengungen eine Vielzahl von Lagern errichtet.

Es war fast so wie im Arsenal de Roanne*, nur größer. Denn hier konnten ganze Züge in die Halle fahren.

*Francine arbeitete nach dem Krieg in den Rüstungswerken Arsenal de Roanne.

Frühmorgens gingen wir los. Um 4 Uhr mussten wir antreten und standen dann bis 6 Uhr stramm. Bei Wind und Wetter, ob es regnete oder schneite.

Manchmal regnete es die ganzen zwei Stunden, dann standen wir da im strömenden Regen. Wenn wir dann um 6 Uhr zur Arbeit gingen, waren wir bis auf die Haut durchnässt und blieben den ganzen Tag in unseren nassen Klamotten. Am Abend, wenn wir zurückkamen, mussten wir wieder zwei Stunden stehen, von 6 bis 8.

Und wenn jemand eine Dummheit gemacht hatte, mussten wir sogar die ganze Nacht draußen stehen. In dem Jahr, das ich dort verbrachte, musste ich drei Mal so lange stehen, öfter war es wohl nicht.

Wenn ich zwölf Stunden gearbeitet hatte, dann zwölf Stunden stehen und anschließend gleich wieder zur Arbeit gehen musste, heulte ich, so weh taten mir die Fersen.

Ich hatte Fersensporne an beiden Füßen, das tat schrecklich weh, ich heulte vor Schmerzen. Doch ich hatte keine Wahl, ich musste zur Arbeit gehen.

In den Hermann-Göring-Werken arbeitete ich also eine Woche lang zwölf Stunden am Tag und die Woche danach zehn bis zwölf Stunden in der Nacht. Wir wussten nie, welcher Tag oder wie spät es war. Wir wussten gar nichts. Wir schufteten wie die Tiere.

Stahlwerke Braunschweig

Zwölf Stunden an einer Maschine, bei Tag ging das ja noch. Aber nachts …

Ich weiß wirklich nicht, wie es kam, dass ich keinen Boche umbrachte. Denn wenn es gegen 2 Uhr morgens war, schlief ich schon halb.

Die Teile, die ich produzierte, waren nicht groß. Das waren wahrscheinlich Köpfe von kleinen Bomben. Andere stellten Teile her, von denen wir immer dachten, dass sie danach mit denen zusammengeschraubt wurden.

In den Reichswerken wurden 250 kg-Bomben sowie 155er, 105er und 88er Granaten hergestellt.

Ich bohrte also Gewinde in Werkstücke, und damit die Teile nicht wegflogen, musste ich eine Anschlagschiene anbringen.

Die vergaß ich jedoch meistens, und es dauerte nicht lange, bis das Teil durch die Luft flog. Bumm!

"Auch wenn wir nur noch Haut und Knochen sind, wir lassen uns von den *Boches* nicht unterkriegen!"

Das sagte ich ihnen damals wohl, aber ich erinnere mich wirklich nicht mehr daran. Möglich ist es, denn ich habe den älteren Kameradinnen oft Mut gemacht, wenn sie nicht mehr konnten. Ich sagte dann:

"Kommt schon, der Krieg ist bald vorbei."

Das wussten wir aber nicht. Wir wussten gar nichts.

19. Januar 1945, früher Nachmittag

Manchmal machten wir auch unsere Späße.

Als die Reichswerke bombardiert wurden und wir draußen arbeiteten, um die Trümmer wegzuräumen, fanden wir große Teile aus Gips.

Wir mussten große Trümmerteile schleppen. Ich nahm nie die großen Teile, ich suchte mir die kleinsten aus.

Man musste aber aufpassen, dass man sich keine Schläge mit dem Ochsenziemer einfing. Wenn wir den sahen, verdrückten wir uns.

Wir jungen Frauen konnten ja noch wegrennen, aber die Omis ...
Sie bekamen alles ab.

Ich hatte ein Stück Gips wie ein Tablett getragen und einen winzig kleinen Stein daraufgelegt. Wenn ich jemandem begegnete, fragte ich:

Wir nannten das Windbeutel mit Schlagsahne, wir dachten nur ans Essen.

Mit unseren kleinen Steinen auf dem Tablett fragten wir:

Mitunter haben wir in all unserem Elend auch gelacht.

Wenn wir die mit ihren Ziemern in der Hand sahen, mussten wir uns sputen, das Tablett fallenzulassen und ein großes Trümmerstück zu greifen.

In den Hermann-Göring-Werken arbeiteten wir hinter Gittern, die bis zur Decke reichten. Eine Flucht war unmöglich.

Hier waren alle Nationalitäten vertreten: Franzosen, die freiwillig hergekommen waren, aber natürlich vor allem Kriegsgefangene, Polen, Russen, Tschechen ...

Sie durften in unseren Werksbereich kommen. Einer von ihnen reparierte z. B. meine Maschine.

Meine Maschine fiel oft aus.

An den Maschinen gab es einen Ausstellknopf (die genaue Bezeichnung weiß ich nicht mehr), einen Knopf „Langsam" (an dieses Wort erinnere ich mich) und einen Knopf „Schnell" (der bedeutete schnell-schnell-schnell!).

Irgendwann fragte ich mich:

Was passiert eigentlich, wenn ich auf alle Knöpfe gleichzeitig drücke?

Was würde das wohl geben? Also habe ich es probiert. Aber auch da musste man, wie überall, auf der Hut sein, dass nicht ein *Boche* oder eine Aufseherin vorbeikam.

Ich schaute mich also um, rechts war niemand, links war auch keiner. Ich war ganz schön durchtrieben. Das bin ich übrigens auch heute noch ein wenig. Ich drückte ganz schnell auf die Knöpfe ...

klack-klack-klack

... und der Zeiger, der wohl von 0 bis 10, vielleicht aber auch bis 20 oder 30 reichte, schlug heftig aus.

Oder er hatte gedacht, so wie ich aussah: „Es wäre doch eine Schande, sie noch in den Tod zu schicken." Wie auch immer, er nahm mich in Schutz.

Es war wirklich ein Deutscher, aber wohl keiner von der SS. Ich meine, dass er ein Zivilist war oder ein Freiwilliger, auf jeden Fall war er ein deutscher Arbeiter.

Es gab üble Franzosen, und es gab Deutsche, die bereit waren, mein Leben zu retten. Über diesen hier kann ich sagen: Er hat mir das Leben gerettet.

-IX-
Zwei Männer

Einmal war mir das Glück wirklich hold in diesen Reichswerken Hermann Göring.

Wie es dazu kam, kann ich heute, nach 50 Jahren, gar nicht mehr sagen.

Eines Tages kam ein Mann, ein Franzose, an meine Maschine. Ob er ein Häftling oder ein Freiwilliger war, weiß ich nicht. Er fragte mich:

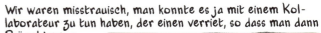

Für mich war das eine unglaubliche Ermutigung. Eines Tages aber sah ich ihn nicht mehr … eines Tages kam er nicht mehr. Hatte man ihn in ein anderes Werk geschickt?

Es würde mich wundern, wenn man ihn erwischt hätte, denn das hätte ja auch mich betroffen, dann hätte man auch mich geholt. Hatte ihn vielleicht jemand beobachtet, wie er einen unserer Zettel las, und hatte ihn verraten? Ich habe es nie erfahren.

Am 16. September 1944 trafen in Watenstedt Häftlinge aus Belfort ein, sie verließen das Lager noch vor Weihnachten. Bis heute ist Francine R.s Bericht der einzige Beweis dafür, dass Édouard D. in Watenstedt/Leinde war.

Hütte Braunschweig

Einmal schrieb er mir:

Da wir keine Wechselsachen zum Anziehen hatten, wenn wir durchnässt waren, froren wir. Wir arbeiteten bei Temperaturen von -20, -25 Grad. Ich sagte:

Er schaffte es tatsächlich, mir den Pullover zu besorgen. Wie er zu mir kam, kann ich nicht sagen. Da ist eine Lücke in meinem Gedächtnis. Jedenfalls trug ich ihn. Dieser Mann hat mich vor der Kälte bewahrt. Und dann war er weg, und ich sah ihn nicht wieder.

Édouard D. wurde am 26. Januar 1921 in Armentières geboren. Er ging in den Maquis, wurde verhaftet und am 29. August 1944 von Belfort mit dem Transport I.264 nach Neuengamme deportiert (Nr. 43515). Von Watenstedt wurde er nach Wilhelmshaven in die Werft der deutschen Kriegsmarine und zu Aufräumarbeiten überführt, von wo er wahrscheinlich am 5. April 1945 auf Transport ging. Er starb am 27. April 1945.

Und dann tauchte eines Tages ein Algerier auf.

Er hieß Hacène B. Und auch von ihm kann ich sagen, dass er mich gerettet hat. Ganz sicher, er hat mich gerettet.

Dieser Algerier kam eines Tages zu mir an meinen Arbeitsplatz. Wir durften unseren Platz nicht verlassen, wir mussten zwölf Stunden ohne Pause arbeiten, zwölf Stunden an der Maschine.

Er sprach gut Französisch. Ich sagte zu ihm:

Ich darf meinen Platz nicht verlassen.

Mach dir keine Gedanken, folge mir einfach.

Ich lief hinter ihm her auf eigene Gefahr. Da … Noch heute kann ich mich nur wundern, dass ich noch da bin!

Da waren also einerseits die Deutschen und andererseits die Aufseherinnen. Sie gingen vorbei, schauten sich an, sahen mich, wie ich da mit ihm auf der Bank saß und die von ihm mitgebrachte Brotzeit aß.

Und all die SS-Leute, die sahen, dass ich nicht an meiner Maschine stand. Doch Prügel bekam ich nicht.

Wie kam das? Wer war dieser Algerier? Die deutschen Aufseher hielten sich auf der einen Seite der Werkshalle auf, die Aufseherinnen auf der gegenüberliegenden. Dazwischen gab es eine Rampe, gleich daneben war ein Freiraum. Und dort stand eine Bank. Ob sie auf der rechten oder linken Seite stand, weiß ich nicht mehr, aber eine Bank war dort.

Ich denke, dass es schon gegen Ende war und die Deutschen nicht mehr viel zu essen hatten. Bestimmt war der Vater dieses Mannes ein hohes Tier ...

99

„... ein Chef oder so was Ähnliches, der seinem Sohn Pakete mit Lebensmitteln schickte. Und wenn davon etwas übrigblieb, verteilte er das an das Wachpersonal.

Mir brachte er meine Brotzeit. Er kam mittags und holte mich von meiner Arbeit ab. So hatte ich jeden Tag mein Essen. Jeden Tag!

Eigentlich hätte ich Prügel bekommen, zu Tode geprügelt werden müssen! Eigentlich hätte ich in die „Badewanne" gemusst, hätte man auf mir rumtrampeln müssen, hätte ...

Doch ich wurde nicht geschlagen. Das ging so etwa drei Monate lang. Er hatte mir auch einen ganz neuen Pullover gebracht.

Wir tauschten unsere Namen und Adressen, er gab mir seine in Algerien und ich ihm meine in Frankreich. Als ich nach der Befreiung im Juli 1945 wieder mit meiner Schwester zusammen war – sie war vor mir von den Engländern und Amerikanern befreit worden, die die Häftlinge nach und nach mit Lkws aus dem Lager abholten –, sagte sie mir:

Eine Frau hat dir geschrieben, Hélène B.

Das ist keine Frau, das ist ein Mann.

Ich weiß noch nicht einmal, in welchem Bezirk von Paris er wohnte, im siebten oder im zehnten, keine Ahnung.

Mit dem Algerier genau so, ich hielt keinen Kontakt zu ihm. Ich hätte das vielleicht tun sollen. Dann wäre ich jetzt vielleicht mit einem Algerier verheiratet, wer weiß?

Meine Schwester hat mir den Brief nie gezeigt, den er mir geschrieben hatte. Das fällt mir jetzt erst wieder ein: Ich habe den Brief nie gesehen. Hatte sie ihn zerrissen? Hatte sie sich gesagt, dass ich dann antworten und so alles zu Ende sein würde? Nein wirklich, ich erinnere mich nicht, dass meine Schwester mir den Brief gezeigt hätte.

Hütte Braunschweig

Denn ich denke schon, dass ich das noch wüsste.

Hacène B. wurde 1917 in Algerien geboren. Am 6. April 1944 wurde er von der Feldgendarmerie in Mourmelon verhaftet. Er hatte französischen Kriegsgefangenen zur Flucht aus den Lagern von Mourmelon und Suippes verholfen und zudem mit deutschen Soldaten Schwarzmarktgeschäfte betrieben. Er wurde denunziert, am 7. Juni 1944 von einem Militärgericht verurteilt und am 27. August zunächst nach Ravensbrück und anschließend nach Watenstedt deportiert. Nach der Evakuierung dieses Lagers kam er wieder nach Ravensbrück, das Ende des Krieges erlebte er im KZ Malchow. Er wurde am 3. Mai 1945 von der Roten Armee befreit und kehrte am 22. Mai nach Frankreich zurück.

-X-
Evakuierung des Lagers

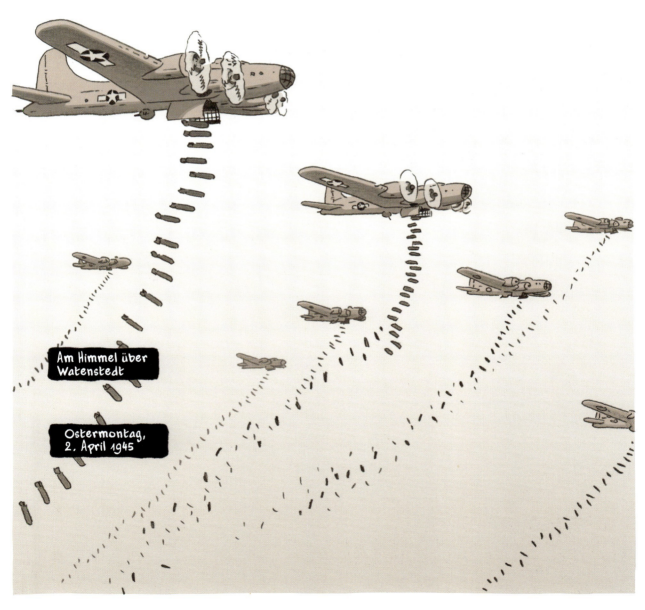

8. April 1945, gegen Mittag

Evakuierung der einigermaßen gesunden Frauen. Die Kranken und Verletzten wurden am Tag darauf abtransportiert.

Die Männer, die noch bei Kräften waren, wurden in der Nacht vom 7. auf den 8. April evakuiert.

Wir wurden noch vor Ende des Krieges befreit, denn der war ja erst am 8. Mai vorbei ...

... und zwar vom Dänischen oder Schwedischen Roten Kreuz.

Von Watenstedt brachte man uns zurück nach Ravensbrück.

Aber nicht in die Baracken, in denen wir vorher untergebracht waren.

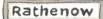

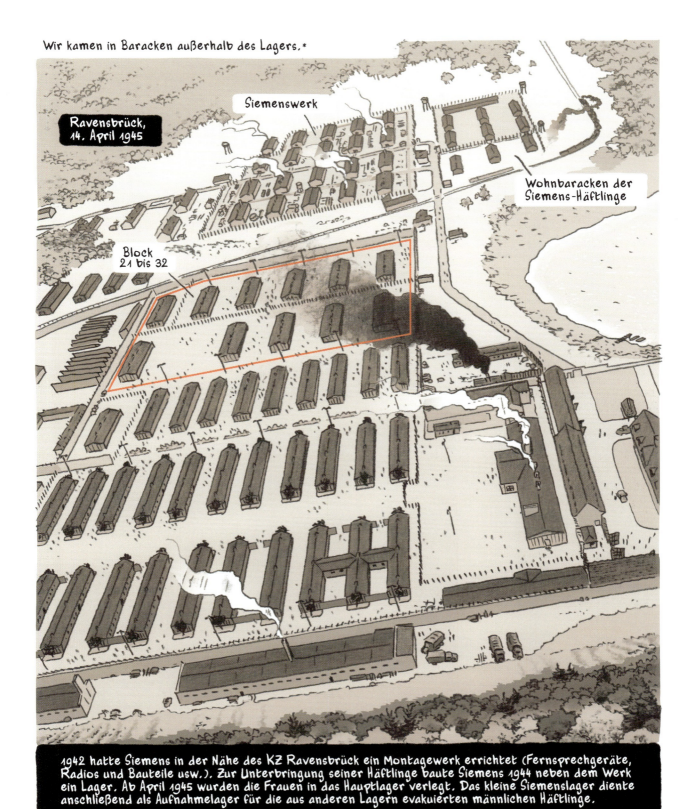

1942 hatte Siemens in der Nähe des KZ Ravensbrück ein Montagewerk errichtet (Fernsprechgeräte, Radios und Bauteile usw.). Zur Unterbringung seiner Häftlinge baute Siemens 1944 neben dem Werk ein Lager. Ab April 1945 wurden die Frauen in das Hauptlager verlegt. Das kleine Siemenslager diente anschließend als Aufnahmelager für die aus anderen Lagern evakuierten männlichen Häftlinge.

* Für die Annahme Francines, außerhalb des Lagers untergebracht worden zu sein, gibt es zwei mögliche Erklärungen:
1. Als sie Anfang 1944 in Ravensbrück in Quarantäne war, hatte sie möglicherweise die Größe des Lagers nicht erfasst.
2. Das KZ Ravensbrück wurde ständig erweitert. Es veränderte sich von Monat zu Monat. Francine und ihre Kameradinnen wurden höchstwahrscheinlich in den Blöcken untergebracht, die sich im südlichen Teil des Lagers befanden (Block 21 bis 32).

In Ravensbrück lernte ich Geneviève de Gaulle, die Nichte des Generals, kennen. Eine charmante Frau! Eine wirklich nette Frau, unsere Geneviève, ich begegnete ihr noch mehrfach.

Geneviève de Gaulle-Anthonioz (1920–2002) war Mitglied der Widerstandsgruppe Groupe du Musée de l'Homme. Sie wurde 1943 verhaftet und im Februar 1944 nach Ravensbrück deportiert, wo sie als Geisel in Isolationshaft gehalten wurde. Als Austauschgefangene wurde sie im Februar 1945 in ein Internierungslager in Liebenau überstellt und schließlich freigelassen.

Sie brachte uns ein Paket, und dann gingen wir in die Bars, die es in Ravensbrück immer gegeben hatte. Nur wussten wir nichts davon.

Die Stadt hatte offensichtlich viele Einwohner hinzubekommen, denn ich hatte die Häftlingsnummer 38987, da waren also 38986 Menschen vor mir. Das ist eine ganze Stadt!

Im Lager waren damals auch Häftlinge aus anderen Konzentrationslagern.

Marie-Claude Vaillant-Couturier war freiwillig im Lager geblieben.

Viele Häftlinge (Männer und Frauen) waren aus verschiedenen Lagern nach Ravensbrück überführt worden, um von dort an andere Orte gebracht zu werden. Für manche war der Leidensweg mit der Befreiung des Lagers zu Ende, doch viele wurden von den Nazis noch vorher in die Vernichtung geschickt.

Was für eine Frau!

Marie-Claude Vaillant-Couturier (1912 – 1996) verließ Ravensbrück erst mit den letzten kranken Französinnen. Sie war freiwillig im Lager geblieben, um bei dessen Auflösung nach der Befreiung zu helfen. Als Kommunistin und Mitglied der Widerstandsgruppe um Georges Politzer wurde sie am 9. Februar 1942 verhaftet und im Januar 1943 nach Auschwitz-Birkenau deportiert. Im August 1944 kam sie nach Ravensbrück. Sie kehrte am 25. Juni 1945 nach Frankreich zurück. 1946 war sie Zeugin bei den Nürnberger Prozessen.

Genau wie Germaine Tillion, sie waren zwei großartige Widerstandskämpferinnen.

Im Gegensatz zu Geneviève gehörte Germaine zur Linken, doch beide haben Großartiges geleistet.

Blick von Ravensbrück auf Fürstenberg/Havel am gegenüberliegenden Ufer des Schwedtsees

Germaine Tillion (1907–2008) gehörte zur Widerstandsgruppe Groupe du Musée de l'Homme. Sie wurde im August 1942 verhaftet und im Oktober 1943 nach Ravensbrück deportiert. Befreit wurde sie vom Schwedischen Roten Kreuz. Sie verließ das Lager am 24. April 1945. Als studierte Ethnologin widmete sie sich gleich nach ihrer Rückkehr der Forschung und der Aufklärungsarbeit über das KZ Ravensbrück.

Sie waren Häftlinge und sind doch bis zur Befreiung aller Französinnen geblieben. Schon allein das ist toll! Wir anderen hätten das auch tun können, aber ich hatte nicht daran gedacht. Diese Frauen waren eben sehr viel reifer als unsereins.

Und dann waren sie auch viel älter, sie hatten schon mehr Erfahrung.
Doch feststeht, dass beide Großartiges geleistet haben. Man kann vor ihnen wirklich nur den Hut ziehen.

Nach einer Weile ...

... hörten wir ein Klopfen an der Tür.

Ich weiß nicht, wie spät es war, vielleicht 2 oder 3 Uhr. Wer klopfte da?

Gewöhnlich klopften die nicht, die machten einfach die Tür auf, die waren ja hier zu Hause.

Dann hörten wir eine leise Stimme, die uns sagte:

Wir kommen vom Dänischen und Schwedischen Roten Kreuz, um euch zu befreien.

Steht auf.

Das ließen wir uns nicht zweimal sagen!

Gleich nach den ersten Verhandlungen der dänischen Behörden zur Rettung ihrer Staatsbürger (Ende 1944) organisierte Graf Folke Bernadotte, der damalige Vize-Präsident des Schwedischen Roten Kreuzes, von März bis Mai 1945 die Rettung von Tausenden Häftlingen skandinavischer und anderer Nationalität.

Da die Fahrzeuge, die die Häftlinge abtransportierten, weiß gestrichen waren, mit roten Kreuzen auf den Seitenwänden und auf dem Dach, wurde diese Mission später als Rettungsaktion der Weißen Busse bezeichnet.

Die Mehrheit der befreiten Häftlinge wurde nach Schweden gebracht, die anderen in die Schweiz. Beide Länder waren im Zweiten Weltkrieg neutral geblieben. Die 25 Busse und 15 Lkw dieses Konvois retteten am 23. April 706 Frauen.

Und da der Krieg ja noch nicht vorbei war, fuhren wir erst einmal durch deutsche Städte, bevor wir die dänische Grenze erreichten.

Da hatten sechs- und sogar zehnjährige Kinder haufenweise Steine gesammelt, mit denen sie uns empfingen. Sie bewarfen die Busse mit Steinen!

Die waren gegen uns Widerstandskämpferinnen ...

1 zerstörter Bus, 1 getöteter Fahrer und 13 getötete Häftlinge, viele Verletzte.

„…beziehungsweise gegen uns Französinnen aufgehetzt, denn wir waren alle Französinnen oder Belgierinnen. Bernadotte hatte keine anderen befreit.

Die anderen waren im Lager geblieben.

In Wirklichkeit wurden Häftlinge aus 20 Ländern durch die Aktion der Weißen Busse gerettet, unter ihnen auch viele Polinnen. Als die letzten SS-Angehörigen Ravensbrück am 29. April verließen, waren noch etwa 2.000 kranke Häftlinge – Frauen, Männer und Kinder – sowie ein paar Ärztinnen und Krankenschwestern im Lager. Das Lager wurde am 30. April 1945 endgültig befreit.

Das Schwedische Rote Kreuz und die dänischen Behörden setzten nach der Mission der Weißen Busse ihre Rettungsaktionen fort und retteten insgesamt 15.500 Häftlinge, darunter 7.500 Frauen aus Ravensbrück.

-XI-
Rückkehr ins Leben

Padborg, Dänemark, Grenzstadt zu Deutschland

Abend des 23. April 1945

In Vorbereitung auf die Befreiung der Häftlinge hatten die dänischen Behörden in Padborg ein Quarantänelager eingerichtet. Dort erhielten die Flüchtlinge eine erste medizinische Versorgung sowie Kleidung und Essen, bevor sie nach Schweden weiterfuhren.

Dort verbrachten wir auch die erste Nacht in Dänemark. Sie begingen die Dummheit ...

Dabei wussten sie doch, dass wir aus den Lagern kamen und nur noch Haut und Knochen waren. Sie bereiteten uns trotzdem ein Essen zum Empfang. Ein wahres Festessen! Genau das hätten sie nicht tun sollen.

Das Festessen, von dem Francine spricht, war wahrscheinlich das Bankett, das für sie in Malmö gegeben wurde. In Padborg hätten die Flüchtlinge aufgrund ihres katastrophalen Gesundheitszustandes keine reichhaltige Nahrung zu sich nehmen können. Ihr Organismus war nicht mehr darauf eingestellt.

Unsere Mägen, Verdauungswege und Gedärme waren völlig entwöhnt. Willensstark, wie ich war, sagte ich mir, dass ich nichts essen sollte. Oder nur ganz, ganz wenig, sonst würde ich krank.

Die Zahl der Flüchtlinge überschritt bei Weitem die Erwartungen der Organisatoren, so dass viele auf Stroh schlafen mussten.

Es kam, wie es kommen musste: Ich hatte nur wenig gegessen und fühlte mich doch die halbe Nacht elend. Es gab Französinnen, die dort, in Dänemark, starben, weil sie zu viel gegessen hatten.

Gegen Morgen schlief ich dann ein. Ich schlief auf Stroh, weil es für mich kein Bett mehr gab, aber ich schlief so gut wie noch nie. Wir blieben nicht lange in Dänemark. Wir verbrachten dort eine Nacht oder vielleicht zwei, mehr nicht. Danach ging es mit dem Schiff weiter nach Schweden.

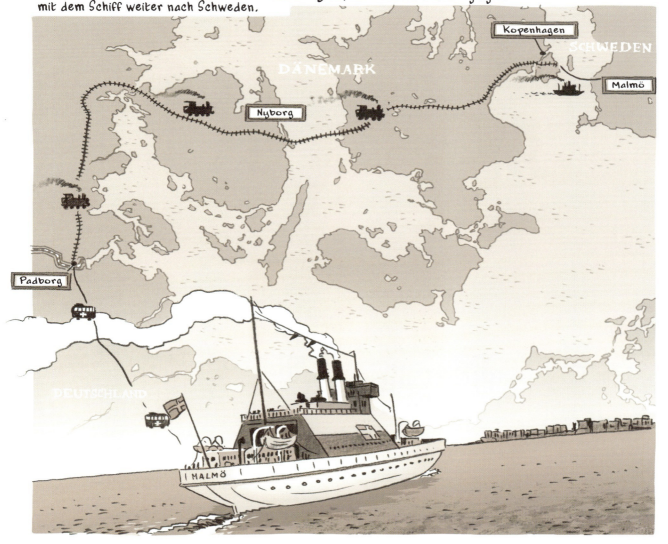

Dort blieb ich zweieinhalb, drei Monate. Das Leben in Schweden war mit dem in Frankreich nicht zu vergleichen, es war ganz, ganz anders.

Malmö, Schweden, 26. April 1945

Die Flüchtlinge wurden erneut untersucht und mit DDT entlaust, sie konnten duschen und erhielten saubere Kleidung. Danach bekamen sie die erste richtige Mahlzeit.

Bevor sie in Quarantänelager an andere Orte in Schweden verlegt wurden, brachte man sie in Malmö übergangsweise in verschiedenen Gebäuden unter, die eigens zu diesem Zweck konfisziert worden waren.

Francine kam in eine Grundschule (die auch heute noch existiert).

Am 30. April registrierte die französische Gesandtschaft in Schweden die französischen Flüchtlinge und stellte ihnen Passierscheine aus, die ihnen bis zu ihrer Rückkehr nach Frankreich als Ausweis dienten.

Sie erwarteten uns schon seit Langem. Bernadotte oder der Bürgermeister des Dorfes – ich weiß nicht mehr, wie es hieß – hatten im Wald viele Bäume fällen lassen und für uns kleine Holzhäuser gebaut.

In der Region Göteborg gab es vier Quarantänelager: Robertshöjd I und II, Skatås und Geräs (Bergsjön).

In jedem Haus konnten etwa 20 Personen unterkommen, so ungefähr. Alles war sehr schön. Es war allerdings Frankreich, das uns in Schweden einkleidete, denn Frankreich zahlte.

Robertshöjd, 1. Mai 1945

Man führte uns in ein Kaufhaus, wir wussten ja gar nicht mehr, was das ist: ein Kaufhaus. Außerdem gab es damals in Frankreich noch keine Kaufhäuser.

Dort durften wir uns bedienen: Büstenhalter, Hemd, Unterkleid, Kleid oder Kostüm, Mantel, Schuhe natürlich und sicher auch Strümpfe. Dann gab man uns so etwas wie eine Latzhose mit Trägern.

Wir durften uns einkleiden, um ein bisschen rausgehen zu können.

Ich wählte für mich ein königsblaues Kleid. Eine andere nahm sich fast das gleiche Kleid, aber in Weiß, und eine Dritte in Rot. Wir hatten dabei nicht im Sinn, die Farben der Trikolore zu wählen.

Doch als der Krieg vorbei war, stellten wir gemeinsam die blau-weiß-rote Fahne dar.

Wir gaben eine kleine Vorführung, bei der wir die Marseillaise singen wollten, doch wir kriegten keinen Ton heraus. Wir haben nur geheult!

8. Mai 1945

In Schweden verbrachte ich eine wirklich schöne Zeit. Dorthin wäre ich gern noch einmal gefahren, lieber als nach Deutschland. Noch einmal nach Deutschland zu fahren hat mich nie gereizt. Nach Schweden schon, ich hätte gern die Leute von damals wiedergesehen. Die kleinen Holzhäuser waren so schön, vor allem am Abend.

Sie machten für uns ein Feuer in einer kleinen runden Schale, in die man die Holzscheite legte. Wir hatten alle unsere Nachthemden an, doch man hätte sie für Abendkleider halten können. Solche Bettdecken, wie wir sie dort bekamen, hatte ich noch nie gehabt. In allen Farben, in weiß, rosa, blau, grün …

Jede hatte einen kleinen Hocker, wir saßen beieinander und erzählten uns unsere persönlichen Geschichten. Woher man kam, was man kochte. Die Männer machten genau dasselbe. Fragte man die Männer, so antworteten sie genau wie wir Frauen: Kochrezepte hielten uns am Leben.

Die den Flüchtlingen auferlegten Regeln erlaubten nur einen begrenzten Kontakt mit der Außenwelt, um die schwedische Bevölkerung vor ansteckenden Krankheiten zu schützen. Doch innerhalb des Lagers wurden verschiedene Veranstaltungen organisiert: Aufführungen, Spiele, Konzerte. Wer länger blieb, durfte auch arbeiten.

Wir bildeten uns ein, dass, sobald uns der Hunger quälte, schon allein das Reden über das Essen uns satt machte. Ich hatte auf einen Zettel wohl an die 200 Rezepte gekritzelt, das war kaum zu lesen.

Völliger Unsinn! Ich hatte da wohl geschrieben: Um einen Eierpudding zu kochen ...

Ich wusste, wie das geht, aber ich hatte es trotzdem aufgeschrieben. Woanders hieß er anders, also notierte ich es nochmal.

Lauter solchen Blödsinn!

9. Juli, Ende des Aufenthalts in Robertshöjd

Francine verließ Schweden in Richtung Dänemark.

Kopenhagen, Flughafen

Meine Schwester war inzwischen nach Frankreich, nach Pouilly, zurückgekehrt.

Ich landete am 11. Juli in Paris. Den 14. Juli nach der Befreiung verbrachte ich in Paris, das war zu verlockend! Mein Onkel hatte damals schon ein Telefon. Ich hatte ihn angerufen und ihm gesagt, dass ich nicht am 13. Juli zurückkommen würde.

Flughafen Le Bourget

Die besonders geschwächten Flüchtlinge wurden mit dem Flugzeug zurückgebracht.

Ich wollte über das, was ich selbst erlebt hatte, berichten, und ich bekam die Gelegenheit dazu. In den Schulen hielt ich Vorträge, und die jungen Leute stellten mir Fragen:

Wie ist es möglich, dass Sie nach allem, was Sie uns erzählt und gezeigt haben, noch hier sind und nach 50 Jahren noch am Leben sind?

In dem im April 1945 von den Behörden beschlagnahmten Hôtel Lutetia wurde für die Heimkehrer aus den KZs ein Zentrum zur Aufnahme, Verteilung, Unterbringung, Weiterleitung, medizinischen Betreuung und Erledigung von Formalitäten eingerichtet. Fünf Monate lang waren hier Freiwillige, Ärzte, Sozialarbeiterinnen, Köchinnen, Pfadfinder und Armeeangehörige permanent im Einsatz.

Ich sagte ihnen dann, dass es dafür keine Erklärung gebe. In meinem Fall waren drei Dinge entscheidend: Erstens meine Jugend.

„... Schuppenflechte ... Zahnbehandlung notwendig ... Typhus negativ ... Gesamtzustand von Fräulein R.: gut."

Man muss dazu wissen, dass die Deutschen Arbeitskräfte brauchten, um die Männer an der Front zu ersetzen. Ich glaube, dass mich meine Jugend rettete – ich war gerade mal 22 Jahre alt.

Der 14. Juli in Paris ist zu verlockend, lieber Onkel, ich komme danach zu euch.

Zweitens mein Aussehen. Ich behielt die ganze Zeit mein rundliches Gesicht, und auch das Lächeln bewahrte ich mir. Ich trug es immer im Gesicht. Damit will ich nicht sagen, dass ich nicht abgemagert war, mit meinen 22 Jahren wog ich bei meiner Rückkehr gerade noch 33 Kilo. Ich war nur noch Haut und Knochen.

Ich weiß gar nicht, ob ich noch drei Monate durchgehalten hätte, ich glaube nicht, wohl eher nicht. Der Körper hält ein Jahr lang gut durch. Im ersten Jahr verändert er sich nicht sehr, aber danach, danach geht es sehr schnell ...

Sonntag, 15. Juli 1945

Drittens mein Glaube. Wenn man im Lager dem Tod ins Auge sieht, klammert man sich an etwas. Selbst Kommunistinnen beteten mit uns!

Aus Pouilly-sous-Charlieu waren nur vier Personen deportiert worden: die Schwestern Francine und Marie-Louise R. und ein Vater mit seinem Sohn, Achille und Alphonse H. Während die heimkehrenden Kriegsgefangenen mit großer Freude empfangen wurden, stießen die Deportierten bei ihrer Rückkehr auf Gleichgültigkeit.

Ob sie nun Kommunistinnen waren oder nicht, sie beteten mit uns am Abend.
Sie glaubten ja auch an etwas! Vielleicht hat mich Gott gerettet, was weiß ich.

Mein Großvater wusste, dass meine Schwester und ich überleben würden, er wusste es, er fühlte es.
Nach dem Krieg wartete er unsere Rückkehr ab, um von dieser Welt zu gehen. Er wollte uns, seine
Enkelkinder, noch einmal wiedersehen.

Louis R. starb am 9. August 1945, drei Wochen nach der Rückkehr seiner zweiten deportierten Enkeltochter.

Vougy (südlich von Pouilly-sous-Charlieu), 25. März 2003

Francines Beerdigung war unsere letzte Begegnung.

In den zwei Jahren, die inzwischen vergangen waren, hatten wir mehrfach miteinander telefoniert, doch getroffen hatten wir uns nicht noch einmal.

14 Jahre sind zwischen der Aufzeichnung ihres Berichts und der Arbeit an diesem Album inzwischen vergangen.

Das Wichtigste war zunächst das Anhören der Aufzeichnung und die Verschriftlichung des mündlichen Berichts, um dieses Zeugnis in den Gedenkstätten zu hinterlegen*, damit es nicht in Vergessenheit gerät.

In mir reifte die Idee, diesen Bericht zu illustrieren.

* Gedenkstätte Neuengamme, Gedenkstätte Salzgitter, Internationales Ravensbrück-Komitee

Da sie auf all meine Fragen, die sich aus dem Bericht ergaben, nicht mehr antworten konnte, musste ich die Antworten selbst finden, musste nachforschen, verschiedene Menschen treffen, dokumentieren.

Francines Geschichte ließ mich nicht mehr los.

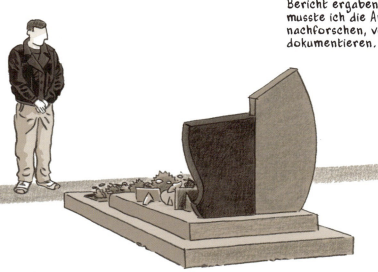

Mir bleibt ihre Stimme, ihre Demut, ihre Einfachheit. Und ihre Überzeugung, dass man niemals aufgeben darf.

- Ende -

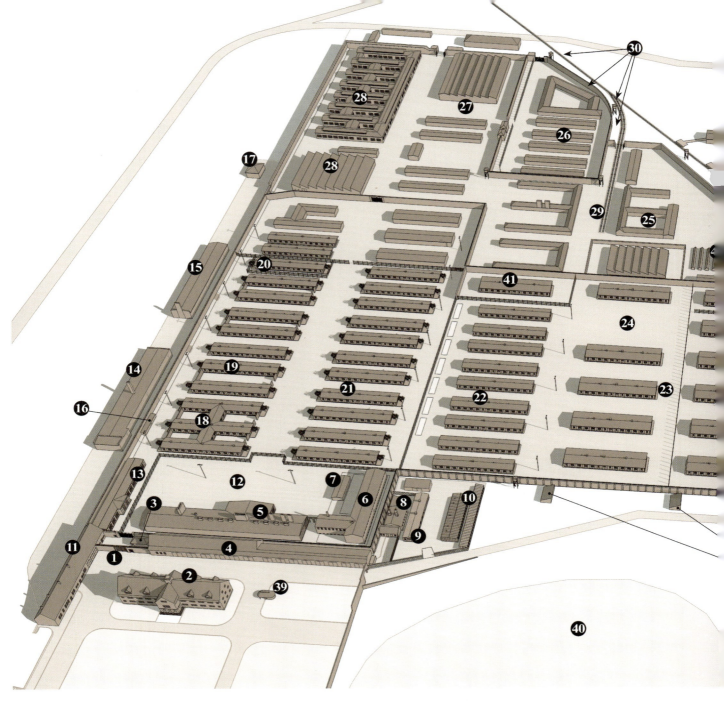

01 – Lagertor
02 – Kommandantur
03 – Wachhaus
04 – Garagentrakt
05 – Wirtschaftsgebäude mit Häftlingsküche und -bad
06 – Zellenbau (Bunker)
07 – Schreibstube der Oberaufseherin
08 – Krematorium
09 – Gaskammer (Ende 1944 – April 1945)
10 – Werkstattbaracke und Hundezwinger
11 – Wasserwerk
12 – Appellplatz
13 – SS-Kantine
14 – neue Desinfektion
15 – neue Wäscherei (1943/44–1945)
16 – Leichenkeller
17 – Trafostation
18 – Baracken, Krankenrevier
19 – Büro des Arbeitsdienstes (1943–1945)
20 – Strafblock
21 – Block 1 bis 11
22 – Block 12 bis 20
23 – „Neues Lager", Block 21 bis 32
24 – Zelt (1944–1945)
25 – SS-Bekleidungswerk
26 – Männerlager
27 – Industriehof (Lager Texled)
28 – Schneiderei
29 – Gleise
30 – Wachtürme (nur im Männerlager)
31 – Beutegutbaracken
32 – Laderampen
33 – Gemüsegarten der SS
34 – Stallungen
35 – Siemens-Fabrik
36 – Siemens-Lager
37 – „Jugendschutzlager Uckermark"
38 – Unterkünfte für die zivilen Arbeiter von Siemens
39 – Tankstelle
40 – Schwedtsee
41 – Effektenblocks
42 – Werkstätten
43 – Angorakaninchenzucht
44 – Verladegebäude

Karte im November 2020 überarbeitet

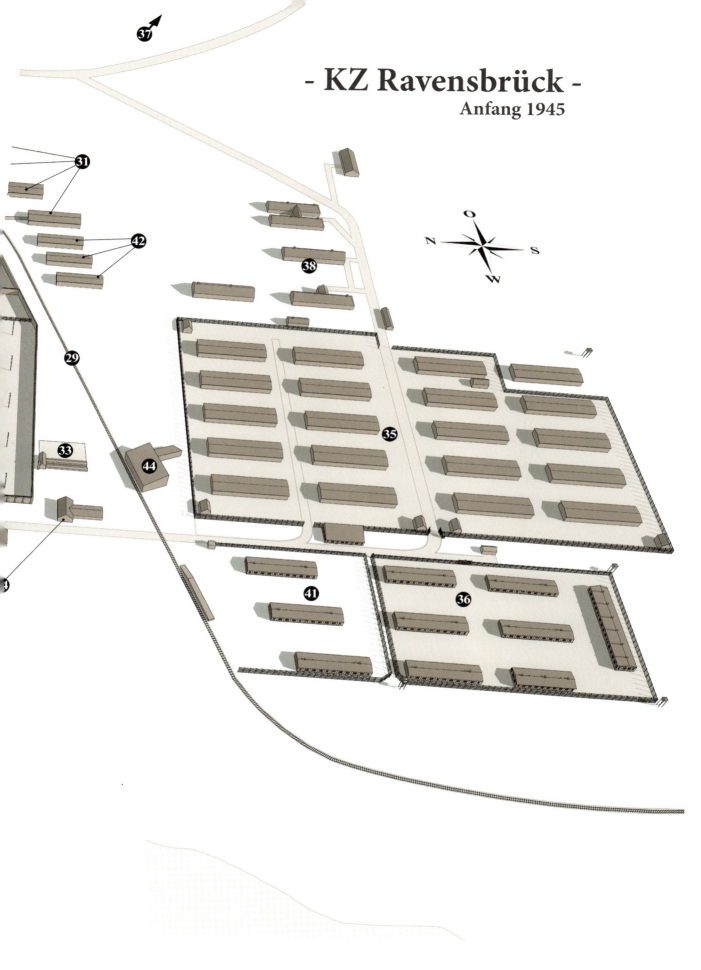

BIBLIOGRAPHIE

ÜBER RAVENSBRÜCK

- Germaine Tillion: *Frauenkonzentrationslager Ravensbrück.* zu Klampen, 1998.
- Geneviève de Gaulle-Anthonioz: *Durch die Nacht.* Autobiografische Erzählung. Arche Literatur Verlag, 1999.
- Bernhard Strebel: *Das KZ Ravensbrück. Geschichte eines Lagerkomplexes.* Ferdinand Schöningh, 2003.
- Alyn Beßman, Insa Eschebach (Hrsg.): *Das Frauen-Konzentrationslager Ravensbrück. Geschichte und Erinnerung.* Metropol Verlag, 2013.
- Micheline Maurel: *Die Liebe besiegt alles. Bericht aus einem Frauen-KZ.* Autobiografische Erzählung. Ingo Koch Verlag, 2014.
- Insa Eschebach (Hrsg.): *Das Frauen-Konzentrationslager Ravensbrück. Neue Beiträge zur Geschichte und Nachgeschichte.* Metropol Verlag, 2014.
- Gisèle Guillemot: *Zwischenleben. Von Colombelles nach Mauthausen, 1943-1945.* Autobiografische Erzählung. Metropol Verlag, 2020.
- Amicale de Ravensbrück et des Kommandos Dépendants: *Französinnen in Ravensbrück. Zeugnisse deportierter Frauen.* Metropol Verlag, 2020.

ÜBER WATENSTEDT/LEINDE

- Jean Bizien: *Sous l'habit rayé.* Autobiografische Erzählung. Éditions de la Cité, 1987.
- Robert Rullier: *Mémoires d'un survivant.* Autobiografische Erzählung. Éditions de l'Edelweiss, 1999.
- Hans Ellger: *Zwangsarbeit und weibliche Überlebensstrategien. Die Geschichte der Frauenaußenlager des Konzentrationslagers Neuengamme 1944/45.* Metropol Verlag, 2007.
- Marc Buggeln: *Arbeit & Gewalt. Das Außenlagersystem des KZ Neuengamme.* Wallstein-Verlag, 2009.
- Hubert Weber: *Les chemins de cendre.* Autobiografische Erzählung. Association Souvenir français Camille de Meaux, 2010.
- Amicale de Neuengamme et de ses Kommandos: *Les dossiers de Neuengamme, les Kommandos de Salzgitter-Watenstedt,* 2015.
- Bernhard Strebel: *Watenstedt. KZ-Terror und der Preis einer humanitären Intervention.* Im Erscheinen.

ÜBER DIE RÉSISTANCE IN FRANKREICH

- Corinna von List: *Frauen in der Résistance 1940–1944.* Ferdinand Schöningh Verlag, 2010.
- Ulrich Schneider: *Die Résistance.* PapyRossa Verlag, 2019.
- Florence Hervé: *Mit Mut und List. Europäische Frauen im Widerstand gegen Faschismus und Krieg.* PapyRossa Verlag, 2020.

ÜBER DIE RÉSISTANCE IN DER REGION LE ROANNAIS

- Jean Cabotse: *Le Roannais dans la guerre.* Éditions Horvath, 1985.
- André Sérézat: *Et les Bourbonnais se levèrent.* Éditions Créer, 1986.

WEITERES

- Thomas Fontaine : *Les Oubliés de Romainville.* Éditions Tallandier, 2005.